保育者のための
コミュニケーション・トレーニングBOOK

汐見稔幸
＋
新保庄三

編著

ぎょうせい

はじめに

　今、世界の先進国といわれてきた国々では、これまでの教育慣習にこだわることでかえって時代に取り残され、逆に後進国といわれるような国にならないようにと、懸命に教育のあり方を見直し、21世紀バージョンのものに切り替える努力をしています。

　その際のキーワードの一つが、ソフトスキル、というものです。

　20世紀後半はハードの面、ものづくり等で質の高いものをつくることが課題でした。ハード面でのスキルが重視されたのですが、今はハードの多くはAIを組み込んだ機械がこなしますし、その傾向はいっそう、そして急速に進みます。

　人間に必要なのはハードそのものを創出するアイデアとか、ハードを上手に使った生活の細やかさや豊かさの実現能力で、そのほとんどは人と人との関係を滑らかにするスキルを伴います。この人と人との関係をスムースにつくり営むスキル、これがソフトスキルです。

　ソフトスキルというのは、別のいい方をすれば、コミュニケーションスキルです。

　保育の仕事は、子どもとのかかわりにしても、保護者とのかかわりにしても、地域とのかかわりにしても、そして同僚とのかかわりにしても、全てそのかかわりの質が勝負の仕事です。保育とは、コミュニケーション労働といってもよいものです。

　ところが、現在の学校等の教育では、このコミュニケーションスキルの大事さを教えてくれる教科もありませんし、実際のスキルを訓練してくれる場もあまりありません。自前で学ぶしかないのです。

　保育の現場では、子どもの気持ちをしっかりと汲み取って、その気持ちに深く応答することが課題といわれるようになってきました。保護者支援も最重要課題と位置づけられるようになってきました。しかし、現実には保護者との気持ちの深い通じ合いができなくて苦悶している現場はたくさんあります。

　この本は、そうした現状を念頭に、保育者のコミュニケーションスキルを向上させることを目ざし、そのスキルを多角度から問題にして、実際にスキルが向上できるように工夫されたものです。ぜひ職場で皆で活用してくださることを願っています。

汐見　稔幸

目次

はじめに

目からウロコ！ 理論編

1 そもそもコミュニケーションとは何か　2

- (1) **コミュニケーションの本当の意味** ・・・・・・・・・・・・・・・・・・・・・・・・・・・・・・ 2
  - ●人類はコミュニケーションによって生き延びた／2
  - ●ディアロゴス／3
  - ●人間関係は「共感」がベース／3
- (2) **生活の中のコミュニケーション** ・・・・・・・・・・・・・・・・・・・・・・・・・・・・・・・・・ 4
  - ●産業構造の変化とコミュニケーション／4
  - ●アイデンティティを求める現代人／4
  - ●心を通じ合わせること／5
- (3) **感情を共有するということ** ・・・・・・・・・・・・・・・・・・・・・・・・・・・・・・・・・・・・・ 7
  - ●脳から見たコミュニケーション／7
  - ●共有する「ディアロゴス」／7
  - ●共感する「パッション」／8
  - ●文明とコミュニケーション／8
- (4) **子どもとのコミュニケーション** ・・・・・・・・・・・・・・・・・・・・・・・・・・・・・・・・ 9
  - ●コミュニケーションが始まるとき／9
  - ●子どもとの関わり方／9
  - ●子どもとのコミュニケーション／10

2 保育に求められるコミュニケーション　12

- (1) **きく** ・・ 12
  - ●もっとも大切なのは「きく」こと／12
  - ●「きく」ために心がけたいこと／12
  - ●相手の気持ちを引き出すきき方／12
- (2) **はなす** ・・ 14

目次

- ●さまざまな「はなす」／14
- ●心を交わせる「かたる」／14
- ●「かたる」ように「はなす」／15

(3) よむ・かく ………………………………………………… 16
- ●相手が求めていることをよみ取る／16
- ●保育における「よむ」／16
- ●心がけたいよみ方／17
- ●保育の場での「かく」／18

(4) みる ……………………………………………………… 20
- ●保育の現場での「みる」／20
- ●コミュニケーションの一環としての「みる」／20

3 より良いコミュニケーションづくりのために　22

- ●子どもを支える対話／22
- ●コミュニケーション・トレーニングとは／23

コミュ力アップ！ 実 践 編

プロローグ　26

(1) コミュ力を高める職場に ……………………………… 26
(2) 保育者の一日のコミュニケーションのポイント ……… 28
(3) 園のコミュニケーション・チェックリストづくり ……… 31
(4) 話しやすい職場環境づくり …………………………… 33
〈ワーク〉 失敗を語ろう ……………………………………… 33

1 きく〜聞かせてもらう技法　34

(1) ウォーミングアップ ……………………………………… 34
- ●保育者は聞き下手？／34
- ●「聞く」から「聞かせてもらう」へ／34
- ●聞くときに大切な5つのコト／35
- ●上手な聞き方／36

(2) ワーク ･･･ 37
　　Step1　非言語コミュニケーションの技法を学ぼう ･･･････････ 37
　　Step2　ロールプレイ　聞き方の基本 ････････････････････････ 39
　　Step3　ロールプレイ「積極的傾聴」①3人組･･･････････････ 42
　　Step4　ロールプレイ「積極的傾聴」②要約 ･････････････････ 43
　(3) 保育者に求められるコミュニケーション･･････････････････････ 46
　　●保育の場／46
　　●保護者対応／49
　　●同僚との関わり～お互いを理解し合う視点での「聞く」／50
　コラム　神経質に注文をぶつける保護者は、大事な味方 ･････････ 52

2　はなす～話す技法　　　　　　　　　　　　　　　54

　(1) ウォーミングアップ･･･ 54
　　●話しやすい環境づくりから／54
　　●好印象を与えるポイント／54
　(2) ワーク ･･･ 59
　　Step1　声を届ける ･･ 59
　　Step2　1分間話 ･･ 60
　　Step3　キーワードでお話づくり ････････････････････････････ 62
　　Step4　面談のワーク「どっちが好きか」･･････････････････････ 63
　　Step5　伝えるワーク「これ何の話？」････････････････････････ 67
　(3) 保育者に求められるコミュニケーション･･････････････････････ 69
　　●保育の場／69
　　●保護者対応～保育を、子どもの育ちをどう伝えるか／70
　　●同僚との関わり／72
　コラム　クレームの背後に潜む善意 ･･････････････････････････ 74

3　よむ～読む技法　　　　　　　　　　　　　　　76

　(1) ウォーミングアップ･･･ 76
　　●とにかく読まない人が多い／76

- ●文字を読むのではなく……／76
- ●書く（アウトプット）には、読むこと（インプット）が必要／77
- ●絵本から始めよう／77

(2) **ワーク** ･･･ 78
- **Step1** ブックリストの交換 ････････････････････････････ 78
- **Step2** 絵本の紹介 ････････････････････････････････････ 80
- **Step3** 深読みのワーク①1人で読む ････････････････････ 83
- **Step4** 深読みのワーク②人と読み合う ･･････････････････ 85

(3) **保育に求められるコミュニケーション** ･･････････････････ 87
- ●保育の場〜保育の中の絵本／87
- ●保護者対応／89
- ●同僚との関わり〜指針を読む・職員皆で深く指針を理解する／90

コラム　読み聞かせでなく読み語りを ････････････････････････ 92

4　かく〜書く技法　　94

(1) **ウォーミングアップ** ･･････････････････････････････････ 94
- ●書けないときは話してみよう／94
- ●文章の基本構造を意識して／94
- ●親子で続けた「書く」日課／95

(2) **ワーク** ･･ 96
- **Step1** わたしの好きなもの ････････････････････････････ 96
- **Step2** 出来事を文にしよう ････････････････････････････ 98
- **Step3** 文章の構成を学ぶ ･･････････････････････････････ 100
- **Step4** 短文にまとめよう ･･････････････････････････････ 102

(3) **保育者に求められるコミュニケーション** ････････････････ 105
- ●保育の場〜園便りで、クラスの子どもの様子を伝える／105
- ●保護者対応〜連絡ノート／106
- ●同僚との関わり／108

コラム　人は初見で価値判断するもの ･･････････････････････ 110

5 みる〜みる技法　112

(1) ウォーミングアップ ･････････････････････････ 112
- 保育に大切な「みる」力／112
- 虐待のサインを逃さない／112
- 親目線？　子ども目線？／113
- 心で「みる」ということ／114

(2) ワーク ･･･････････････････････････････････ 115
- **Step1** 心でみてみよう ･････････････････････ 115
- **Step2** 心地良い「おはよう」は ･･････････････ 116
- **Step3** 何が変わった？ ･････････････････････ 117
- **Step4** 保護者の観察・記録 ･･････････････････ 118

(3) 保育者に求められるコミュニケーション ･････ 119
- 保育の場〜行動の裏にある思いを読み取る／119
- 保護者対応〜訴えの裏にある思いを読み取る／121
- 同僚との関わり〜お互いの思いを読み取る／122

コラム　「聞き上手」になるために ･････････････ 124

おわりに

資料類

資料1	園のコミュニケーション・チェックリスト（例） ････ 31
資料2	観察メモ ････････････････････････････････ 45
資料3	ブックリスト ･･････････････････････････････ 79
資料4	新聞記事（例） ･･････････････････････････ 84
資料5	60字の原稿用紙 ････････････････････････ 99
資料6	基本形の文章構成シート ････････････････ 99
資料7	ブロックの文章構成シート ････････････････ 101

理論編

1 そもそもコミュニケーションとは何か
2 保育に求められるコミュニケーション
3 より良いコミュニケーションづくりのために

理論編

1 そもそもコミュニケーションとは何か

■(1) コミュニケーションの本当の意味

●人類はコミュニケーションによって生き延びた

　コミュニケーションという言葉は比較的新しい時代につくられたものです。

　少し突飛な話になりますが、人類史を見るとコミュニケーションの大切さがわかります。

　人類はこれまで何度も絶滅の危機を体験してきました。特に、氷河期や乾期が繰り返し起こり、その度に食べるものがなくなったり、住める場所が狭くなっていったりしました。それを上手に乗り切る力がないものは絶滅に瀕してしまい、今の人類にまでたどり着けなかったわけです。

　わたしたちの祖先であるホモサピエンス属は元々アフリカで数十万年前から暮らしていました。しかし、7万5000年くらい前に起こったインドシナ半島での大規模な火山噴火のため、地球が火山灰で覆われて光が入ってこなくなり、植物はどんどん死に絶えて食べ物がなくなりました。そこで、アフリカだけでは暮らすことができなくなって、食べるものや、水が手に入るところに移住をし始めたというのが最近の説です。

　当時、アフリカにはホモサピエンス属以外にもさまざまな類人猿がいたのですが、現代までにネアンデルタール人を含めて全て滅びました。なぜホモサピエンス属だけが生き残ったのか。それは彼らだけが情報を伝え合う力、支え合う力があったからだといわれています。どこに行けば水や食べ物があるかというようなことを教え合ったというのです。つまり、争って自分だけ生き延びるのではなく、知恵を伝え合うことで皆で生き延びたのです。お互いの状況を共感し合い、上手に知恵を使って伝え合っていく。わたしたちはそういう能力を進化の中で身につけ、それを発揮したものだけが生き延びたわけです。

　だから、人間が上手に生き続けるためには、お互いに攻撃し合うのではなく、共感し合い、支え合い、知恵を伝え合い、困ったときに助け合う、そういうことができることが決定的に大事だということが研究によってわかってきたのです。コミュニケーションの意義はそこに起源を持っているといえるのです。

●ディアロゴス

　コミュニケーションには対話（ディアロゴス＝ダイアローグ）が不可欠な要素となります。しかしその根本は、相手の考えていることや悩んでいることに、いかに自分が共感できるか、本心で受けとめられるかといった関係性に基づいています。ディアロゴスというのは、元々、ロゴス（言葉、真理）をディア（共有）するという意味ですが、それには共感に基づく関係性が不可欠です。

　しかし、現代では、相手をいかに説得するか、あるいは自分の主張をいかに通すかという訓練が行われることが多いのです。大学でも、いかに相手を説得するか、納得させるような言い方をするかといった訓練をします。それは弁論の練習、つまりディベートです。ディベートというのは真理を探り合うということよりも、相手をいかに説得するかというやり取りのことです。現代では、本来、ディアロゴスだったものが今や説得術になり、相手を納得させるための技術になってしまったものが多くあります。

●人間関係は「共感」がベース

　これは親子の日常会話にも表れます。子どもに対して、「なぜママの言うことがきけないの」「どうしてできないの」と言ったりするのは、対話ではなくて、きつくいうと「わたしに従いなさい」という「支配」です。子どもを自分の手の平に乗せたくて言う言葉なのです。

　こうなるとコミュニケーションは成立しません。先述した通り、人がより良く生きていくためには、相手にいかに共感するか、そして共感している自分に相手も共感してくれるかという、共感し合う関係をつくることが大切なのです。言葉はそのための一つの手段といえます。また、言葉以外の非言語の表現、しぐさや口調などさまざまな方法も使いながら、自分は1人ではないという感覚、わかってもらえたという喜び、伝わったという感動等を豊かにすることがコミュニケーションなのです。

(2) 生活の中のコミュニケーション

●産業構造の変化とコミュニケーション

むかし、日本が農業中心の社会であったころ、人は移動することがほとんどありませんでした。例えば隣村から来たお嫁さんは、たまに里帰りしたり親が亡くなったりしたときに実家に帰ることはあっても、ほとんど村を出ることはなかったのです。知らない人が住んでいるところで親しくコミュニケーションしたり、交流したりすることは必要なかったし、チャンスもなかったといえます。

ところが現代社会では、状況は全く変わりました。工場に働きに行く、会社に行って仕事をするというように、家から離れたところで仕事をするようになりました。農業のように、決まった形で、決まった手順でものをつくるということとは大きく異なる仕事が多くなりました。なにごとも臨機応変に考えながらやる、状況に応じていろいろな人と関わりながら仕事を進める、といったように、仕事の世界の流動性が一挙に高まっていったわけです。

特に日本の企業で仕事をする場合は、転勤によって知らないところに住みついて仕事をするといった生活形態も出てきました。

そうした中で、会社が都市に集中してくると、家族で都市部に引越していく人がどんどん増えていきました。今や東京は大半が地方出身者で占められるようになっています。マンションなどの集合住宅に住む人が増えていくと、隣人と言葉を交わしたことがないというようなことが起こってきます。お互いのことをよく知らない者が隣同士で暮らしているわけです。こうして、産業構造の変化によって、仕事には人とのやり取りが必要な一方で、生活の中では人との多様なやり取りが必要とされない社会となっていきました。

●アイデンティティを求める現代人

一般に、人間が生活していくためには、物理的にも精神的にも何かに帰属するということが必要です。

例えば、会社の中に県人会ができる。同郷の人間が集まってまとまりをつくるということが出てきます。さらには、同郷の者のための専用の寮ができたりします。あるいは、同好の士で何かサークルをつくる、運動系の部に入るなどといったように、同じ出身や同じ嗜好の人間が集まってグループをつくっていくということが、会社の中でも起きてきます。帰属意識によって心の安定を図っ

ていこうとしていくわけです。逆にいうと、そういうものをつくっていかないと、個々が宙に浮いたような状態になって、自分のアイデンティティを見失ってしまうようになるのです。「自分は何者であるか」ということについて、引越しをしようが異動しようが、自分と同類の者が常に身の回りにいる、そういうことを求め始めたわけです。

仕事上のコミュニケーションも大事ですが、現代人が本当に必要としているのは、自分のアイデンティティが持てて、お互いのことを深く知り合い、共感・共有できる環境なのです。

●心を通じ合わせること

さて、気持ちが通じ合う、心が通じ合うということは英語ではcommune（コミューン）という言葉で表現されます。そして「コミューンの状態にしていくこと」（commune + cation）がコミュニケーションです。つまり、理屈を介在しなくても、人と人がより通じ合う、わかり合う、ツーといえばカーというような関係を丁寧につくっていくことの必要性から、「コミュニケーション」という言葉ができてきたといわれています。

要するに、単にお互いに言葉をやり取りするという表面的な意味を超えて、こちらが嬉しかったときに相手にも嬉しく思ってもらうとか、相手が悲しんだときにその悲しみを共有するといった形で、同じような気持ちを持ち合い、お互いに心と心がわかり合うようになること、それ自体を目的とするような言葉の使い方、あるいは関わり方、これがコミュニケーションなのです。

現代社会はとても便利になって、スイッチを押せば何でも簡単にできるし、ネットですぐに何でも手に入る時代になりました。以前は、ちょっと不便なことがあれば、人に頼んだり逆に協力したりして、人と人とが関わるということが多かったのですが、今はそういうことが必要ではなくなってきました。

しかし、それは本来人間の求めているものと違うということで、便利さや商品価値はなくても人間的な価値がたくさんあるような、関係の豊かさや温かさが求められるようになってきたのです。

人間としての言葉のやり取りを通して、お互いに気軽に話し合えるといった世界をつくっていかないと、精神的に孤立感が強くなったり、自分の存在が宙ぶらりんに思えたりするのが現代社会です。そうした中で、新たに気の合った人たちや隣近所の人たちなどと、人間的な価値が唯一の支えであるような、言葉によっ

て親しく心と心が触れ合い、結ばれ合うような、そうした関係をつくるということが現代人のテーマになってきたわけです。これがコミュニケーションが大事になってきた理由です。

　これからコミュニケーションを学ぼうとする方たちには、ぜひこのことを踏まえておいてほしいと思います。

(3) 感情を共有するということ

●脳から見たコミュニケーション

　この本でいうコミュニケーションとは、どれだけ相手の気持ちと深く共感し合うか、相手と気持ちがわかり合えるか、ということです。しかし相手の気持ちに気づくというのはそれほどやさしいことではありません。だからこそ、できるだけ相手の気持ちを感じ取っていくように努力することがコミュニケーションの第一歩になるのです。

　このことを脳のつくりから見ていきましょう。脳の中で、理屈を操るのは大脳の外側の皮質で、これは理性脳といわれます。計算する、言葉を操る、記憶を蓄える、計画するなどの形式的・理性的な操作をつかさどります。一方、脳の内側の方に大脳辺縁系という部分があり、主に思わず体が動いてしまったり、声が出てしまうような強い感情、つまり情動をつかさどっており、感情脳といわれます。そしてより中心部の脳幹部という部分では命そのものを営んでいます。食欲・睡眠など、自律神経が働いて体を調節したりする本能のようなものをつかさどっている生命脳です。

　人間の場合は、この３つの部分が複雑に絡み合っています。例えば、相手が困っているとき、なぜこの人は困っているのか原因を考え、理屈で相手のことがわかるといった大脳皮質が行う部分と、相手の困り感に共鳴しなんとかしてあげたいと情動がわいてくる大脳辺縁系がつながり合っています。

　コミュニケーションは、この情動の部分がうまく働かなければ成立しません。つまり、生命脳や感情脳による、理屈を超えた共感を前提に、上手に理性的な情報処理を行っていくことがコミュニケーションだといえます。

●共有する「ディアロゴス」

　古代のソクラテスが開発した哲学の方法を問答法といいますが、これはディアロゴスと呼ばれました。先述した通り、ロゴス（言葉、真理）のディア（共有）の意味で、言葉をやり取りしながら真理に近づいていく方法です。これはソクラテスの弟子プラトンたちにも受け継がれていきました。ただし、これは何が真理であるか、何が間違っているかを議論する方法であるため、真理を共有できても感情を共有するとは限りませんでした。ディアロゴスは、その後、ディベートやレトリックなど、相手を説得したり、説き伏せたりする弁論術につながっていきます。

　一方、コミュニケーションはどちらが正しいかではなく、相手と共感できたか

どうかということが判断の基準になります。その意味で、ディアロゴスとは対話の体系が違うといえます。

ですから、同じ対話でも、対立して真偽を争うものと、コミューンにすること、つまり共感に基づいたやり取りをするものとの両方があるのです。討論という「争いのある対話」の形態に対して、コミュニケーションは争いのない「平和な対話」といえます。私たちは知らず知らずのうちに、どちらかの対話をしています。コミュニケーションを図ろうとするならば、平和な対話を意識することが大切です。

● 共感する「パッション」

ここで、パッションという言葉について考えてみましょう。パッションとは何かというと、読者の多くは「情熱」と答えるでしょう。ところで、能動的であることを表すアクティブに対し、受動的、受け身であることをパッシブといいます。このパッションとパッシブは、実は同根の言葉なのです。

なぜ情熱と受動が同じ言葉で表されるのでしょうか。それはキリスト教に由来します。マタイ受難曲やヨハネ受難曲など、キリストが磔にされるまでの物語は歌になっており、それらはア・パショナータと呼ばれます。キリストが罪を背負わされて再生するまでの苦しみを自分も喜んで受けるという、苦しみを受けることに対する情熱、受難への情熱、それをパッションといったのです。

ですから、パッションはある意味ではとても能動的で意欲的なことを指します。相手の話を聞き洩らさず、真摯に受け止めていく、そして共感し協働していく、そういう姿勢がパッションなのです。

● 文明とコミュニケーション

人間は人の気持ちがわかり、人が困っているときに同じように感じることができます。なんとかしてあげたいといった共感に基づく愛他的行為が豊かにあったために、人類として生き延びてこられたことは先述した通りです。ところが、文明の発達特に農業の発展で土地を奪い合うようになって、そのことが忘れられていき、現代では絶えず対立が拡大する危機にみまわれています。それに対して、コミュニケーションは、お互いに響き合い、共感し合うことで豊かな世界をつくるものです。逆にいえば、平和で豊かな生活を送るためにはコミュニケーションが不可欠なのです。現代人の持つ不安や危機感、疎外感を克服するうえでも、コミュニケーションの大事さを理解していただきたいと思います。

(4) 子どもとのコミュニケーション

●コミュニケーションが始まるとき

　子どもとのコミュニケーションは、一つ一つの言葉をどう使うかということよりも、この子は今何を欲しがっているのか、何をしたがっているのか、ということを感じ取り、共感して関わるときに始まります。

　これは保育者の保護者対応でも同じです。子育ての悩みがあるお母さんには、「この人がもう少し楽になるために何をしてあげたらいいか」を考えて接する必要があり、そのためにひたすら聴いていく、そのときにコミュニケーションが始まるわけです。

　そもそもコミュニケーションは、「ここまでできたら上手にできている」というようなものではありません。常に他者をかけがえのない存在として捉え、その人の苦しみ、つらさ、喜びなどを感じ取って、その人が求めているものに応じていくことです。その意味で、コミュニケーションは単に言葉のやり取りではなく、共感・共苦する姿勢であるということを、改めて確認しておきたいと思います。

●子どもとの関わり方

　人間はとても不平等な生まれ方をします。砂漠の中で生まれる子もいれば、戦争をしているところや、逆に平和な都会で生まれる子もいます。生きる条件は不平等です。

　しかし、1つだけ平等に与えられているものがあります。それが命です。そのたった1つだけ平等にいただいた命を、どう輝かせ充実させて、その子にしかできない命の物語をつくるかが、人間としての使命です。そこにはいろいろな選択があり、選択の仕方によっていっそう豊かにしていくことができます。ただし、残念ながらそれは子ども1人ではできません。子どもははじめから自立して生まれてくるわけではないからです。はじめは自力で歩くことも食べることもできず、とても依存的に生まれてきます。そしてそれは幼児になっても大きくは変わりません。その意味で、保育においては、どのような選択が小さな命の物語をより豊かにできるかということを意識することがとても大切であり、そこに子どもとのコミュニケーションが深く関わってくるのです。

　わたしたちは子どもに共感することで、子どもが「相手が自分のことをわかってくれている」「応援してくれている」「この人のそばにいるといろいろなことが

やれる気がする」などと思ってくれるような関係になることを願います。

　大人はそうした関わりを「子どものためにしている」と思ってしまいます。もちろん、それは間違いではありません。子どもにはまだ依存的で未熟な面があるからです。しかし、子どもは子どもなりの仕方で、実に多様に自分の内面世界を充実させようと一生懸命生きています。わたしたちは、その子がどのように一生懸命生きているかということを、子ども自身から教わることが大事なのです。

　人間には、早く生まれたか・後から生まれてきたかという差しかなく、本当は皆、人間としては同等で対等な存在です。ですから、"上から目線"でこの子に何かしてあげよう、させてあげようと思ってすることは保育ではありません。「この子は一生懸命生きている」ということを教えてもらい、そのためにその子が必要としていることを感じ取りそれに応じていく、つまり応答していくことが保育の本質です。子どもから教わることで自分が成長していくのが、保育者のあり方なのです。

●子どもとのコミュニケーション

　では、たった1ついただいたその子の命をどう輝かせたらいいのか、つまり自分の好きなことや興味のあることをどうやって見つけさせてあげればいいのか。

　それは、「こんな面白い世界があるよ、こんな面白いことを言っている人がいるよ、たくさん出会いなさい、どんどんチャレンジしなさい、わたしたち大人はあなた方を心から祝福して、後ろから応援するよ」といろいろな形で支えてあげることです。それが大人の役割であり、それが育児や保育の本質といえるでしょう。

　そしてそのためには、その子がどんなことに興味があるのかというようなことを絶えず見て、聴いて、判断して、広い意味で評価して、手を差し伸べることです。絶えず子どもの表情、しぐさ、行動から、この子は次に何をしようとしているのか、何をしてほしいのかということを感じ取り、それに応じた行動をしていくことです。さらに、その子どもの感じていることや、したいと思っていることがうまくいっているかいないかということまでも感じ取ることが、その子どもの気持ちを共有することであり、それがまさにコミュニケーションの始まりなのです。

　そして、子どもと上手にコミュニケーションするためには、決して子ども扱いしないことです。どの子もその子なりの仕方で自分の人生をつくってきており、それはかけがえのないものと感じることです。子どもが人生をつくっていく手伝

いをどこまでできるか考え、一生懸命関わることです。そのときに子どもと上手に情報を共有し合ったり、共感し合ったりすること、これらの行為をコミュニケーションというわけです。

　つまり、子どもとの関わりを通して、子どもの内面が見えるようになっていくこと、それが子どもとのコミュニケーションの出発点なのです。

理論編

2 保育に求められるコミュニケーション

▌(1) きく

● もっとも大切なのは「きく」こと

　コミュニケーションで一番大事なのは「きく」ということです。普段、わたしたちは子どもにわからせようとして話すことが多く、子どもからきこうとはしていないように思います。

　日本人は昔から「きく」ということをとても大事にする民族であったといいます。そのため、きくことに関わる単語はとても多く、「きき分ける」「きき惚れる」「きき流す」など、派生した言葉も実にさまざまです。きくことの微妙な態度を区別し、それぞれに名前をつけるなどして、多くの「きく」態様を生み出してきました。一方で、はなし惚れる、といった言葉がないように、「はなす」についてはあまり多くの派生語はありません。このことから、コミュニケーションにおいて日本人が「きく」ということにこだわり、大切にしてきたことがわかります。

● 「きく」ために心がけたいこと

　では、より良く「きく」ためにはどうしたらよいのでしょうか。「きく」ということは、ただ子どもの言葉に耳を傾けることだけでなく、子どもの心の中に渦巻いているような感情や、態度には出ていても言葉にできず悩んでいるような様子などを含めた心の声をきき取ることです。

　何かを言ってきかせるために「きく」のでは、子どもの感情や思いが引き出せません。むしろ、子ども自身が自分の思いを閉じ込めて発する、感情とはうらはらの言葉を「きく」ことになってしまい、より良いコミュニケーションが図れなくなります。「きく」ことは子どもを理解することです。子どもの感情をつかむための「きく」を大事にしたいものです。

● 相手の気持ちを引き出すきき方

　人間は常に自分の方が優れていると言いたいものです。だから、相手が間違ったことを言ったなと思ったら、「そうじゃなくて……」などと、自分のほうが正

しいことを言っているとつい主張しがちです。きくというのは、そういう衝動との戦いといえます。相手の言うことが変だな、共感できないとか間違っているな、などと思ったときに、こうした態度が出てしまうと、きくことからは離れてしまいます。

　また、きいている途中にだんだん腹がたってくることがあります。例えば、相手が自分の勝手なことばかり言っていると思うようなときです。

　もしそういう場面でも、ききなさいと言われたら我慢するしかなくなってしまいます。ですから、そういうときは、きいている途中に「そう思われるんですか」「へえ、どうしてですか？」など、上手な質問を挟む方法があります。そうすればイライラしている気持ちが少しは解消するのではないでしょうか。

　これは、相手の気持ちを引き出すようなきき方です。「なぜ相手はこんなことを言うのか」という自分の気持ちを我慢せず、「ご立腹のようですね」「なぜそんなに頭にきたのですか」と、相手に質問します。

　つまり、きくといっても、能動的であって、黙ってきいているということと違うのです。人間には自分の感情があり、それを全部押し殺すことは難しいでしょう。ですから、もし相手が言っていることにイライラするようなときには、上手に相づちをうったり、きき直してみたりすることです。ただしそのときも、こちらの意見を押しつけないようにすることが原則です。

(2) はなす

●さまざまな「はなす」

　日本語で「はなす」という言葉を日常的に使うようになったのは大正時代からといわれます。それまではふだんは「かたる」といっていました。「語り部」などというように、昔話をすることも「語る」と表現していました。しかし、古い日本語である和語には、「はなす」も「かたる」も両方あり、奈良時代からどちらの言葉も存在していたのです。そして、「はなす」にもさまざまなものがありました。例えば、はなすを漢字で書く場合、ごんべんに舌と書く「話す」が一般的ですが、放出するの「放」も「はなす」、離別の「離」も「はなす」など、放り出すとか別れるいう意味の漢字が使われます。実は、「話す」は、「舌が言う」と書くことから、淡々と行う言語行為を表すと捉えられました。それに対して「かたる」は、「吾が言う」で「語る」です。また、人を騙すことも「騙る」、「交わる」と書いて「交る」、かたるとも読みます。つまり、「かたる」という言葉は、人と人とが交わる、心がくっつくというもの、一方、「はなす」は、人と人とを離すというニュアンスを表すものなのです。

●心を交わせる「かたる」

　以上のことから、昔は「はなす」という言葉はあまり使われてこなかったようです。一方で、明治時代には、「いいか、よく聞け。南総里見八犬伝、第何の巻〜！」などと、物語はお父さんが家族の皆に大きな声で読んでやるものでした。また婆が昔話をするときにも「いいかい、今日はな、こんな話をきかせてやる。むかぁしむかし、あるところにな……」と、かたってやる。これは「はなす」ではなくて、「かたる」なのです。

　「かたる」とは、このようにして、フィクションの世界に子どもと一緒に入っていくことです。つまり子供をだましている、騙っているともいえます。さらに、子どもたち自身も、その語りの世界に入り込んで心を一つにします。つまり交わっていきます。そして物語の結びでは、「はぁ〜！　よかった！」と皆で一緒に安堵の溜息をついたりします。その物語を一緒に生きたという気持ちで結ばれ合うのです。また例えばそれが、昔から村に伝わっている話で、子どもたちが何度も何度も聞いて成長していくものだとしたら、それによって村の一員であるという誇りや自覚を共有していく役割もあるかもしれません。

このように、人々はかたることで、心を交わせたり、またフィクションの世界に連れ込まれ、人間の真実などのさまざまなことを体験し、また現実世界に戻ってきたりしたのです。そうしたもの全体を「かたり」といいました。「かたり」こそ、コミュニケーションという意味なのです。

● 「かたる」ように「はなす」

社会構造や生活の変化などから、現在では先述したような「かたり」はなくなってきました。大正時代にNHKのラジオが始まったとき、ラジオのアナウンサーが使う言葉は、日本ではきいたことのないようなものでした。「正午のニュースです」というように、誰に向かって言うわけでもなく、無機質にかたりました。現代では、全く知らない人と会話するときや、商売上初めて会う人などに、「むかぁしむかし……」などとは言えません。ニュースのように無機質な言葉を使います。時候のあいさつなどもビジネスをスムーズに行うための道具として使われるわけで、心と心を通じ合わせるために使われるわけではありません。つまり、現代の言葉のやり取りは「かたり」ではなく、言葉を上手に放しているといえます。それで「はなす」という言葉が広がったのです。

現在では、「はなす」という言葉を日常的に使いますが、本当はかたらなければ相手と感情を共有し合うことはできません。その意味で、コミュニケーションのための「はなす」とは、相手の心の声をきくことと同じように、相手に、わたしの心の中から出てきた言葉を届けることが肝心です。つまり、「かたるようにはなす」ことによって、相手と心が結ばれ合っていくことが大切なのです。

(3) よむ・かく

●相手が求めていることをよみ取る

　コミュニケーションにおいては、相手が求めているかどうかわからない情報をどんどん伝えることは、慎まなければいけません。それは相手を追い込んでしまうからです。

　例えばわたしが電話相談員の研修を行ったときに、このような話を聞きました。「わたしは虐待しているんでしょうか。頭にきて、いけないとわかっているのに子どもにワーッて言ってしまったんです」という電話相談を受けたので、「世間で虐待がよく言われるので、お母さんと同じような悩みを訴えてくる方が多いんですよ」と説明すると、相談者が「わたしのような人がたくさんいるんですか。わたしはたくさんのうちの一人というわけですね」と言い、電話を切られてしまったそうです。

　これは、「子どもに対するわたしの言い方が悪かったのでしょうか」という相談に対して、「同じような人がたくさんいる」と応じたのですが、相手が求めていることは違っていたわけです。相談者が求めていたのは、「わたしの話をきいてほしい」ということだったのです。

　このように、コミュニケーションにおいて「この人は相手に何を求めているのだろう」ということを、ひたすら考え嗅ぎ取ることが大切です。こちらが言ったことで、相手が「わたしは無知だった」と思ったり、「あなたのような人がたくさんいる」と言ったことで「わたしは（オンリーワンでなく）one of them（大多数のうちの一人）なんだ」と受け取ってしまったりします。相手の気持ちを受けとめることはとても難しいのです。

●保育における「よむ」

　「よむ」ということにも、さまざまなやり方があります。例えば、ある小学校の教師は、子どもの書いたものの筆圧を見て、「この子は今悩んでいる」とわかるそうです。そうすると、「△△さん、最近お母さん元気？」と、さりげなくきいてあげたりします。その子のしゃべり方で、無理に元気よく振る舞っている様子があれば、そこからその子のつらい気持ちを感じ取ることができるわけです。字が乱れていたり、筆圧が弱い、そういったことから、子どもの状態をよみ取るわけです。

また、その子のお母さんが書いてくるものを見ても、子どもの授業態度などの表面的な内容だけでなく、字を見ることで、子どものことで書きたくないことや、書きよどむ気持ちがあったり、ちょっとした悩みなども感じ取っていくといいます。お母さんの書いた文章の文字、筆圧の乱れと、普段の接し方とを合算して感じ取ったうえで、「子どもに対してイライラしているのかな」などと、さまざまなことをよみ取れるということがあります。

● **心がけたいよみ方**

実践の記録や保育についての本をよむということについて考えてみましょう。よむということは、書いた人と対話するという姿勢が必要です。「難しいことを言っているから、わたしにはわからない」ではなく、「この人はなぜこんなことを書いているのだろう、難しそうに言っているけど本当は簡単なことなのでは」と、書いた人と対話することです。つまり書いてあることは、一応なるほどと思って信じます。しかし、書き手も人間ですから、間違ったことを言っているかもしれません。なぜそうなったかというプロセスがわからないからです。信じても同時に疑うことが、本をよむ際に大切なポイントです。つまりそれは本との対話であるし、自分との対話でもあるということです。

『読むということ』を書いた内田義彦氏が、「社会科学の本を読むときには信じて疑わなければだめ」と言っています。信じなければ心の深くに入ってきませんが、疑いの気持ちも持たなければ単なる信念、ときに宗教になってしまうというのです。

例えば自閉症や発達障害は原因がまだはっきりわかっていません。以前は、お母さんに原因があるといわれたり、テレビに原因があるといわれたり、また脳の障害だから絶対治らないといわれたこともありました。しかし、近年研究が進んで、例えば食べ物を変えると症状が軽減するとか、早寝早起きに変えると改善するという説も出てきました。また、牛乳や小麦をとるのをやめたら治ったという事例もアメリカで報告されているそうです。水銀をとりすぎて脳の細胞の活動に異常が起こることもあるといわれています。発達障害にはそういう原因もあると、最近わかってきたのです。

そこでわたしが『エデュカーレ』という保育雑誌でそのことを紹介したら、ある保育園の保健師さんから抗議がありました。「自閉症は治らないのだからウソを書かないで」と言うのです。そのことについて書いてある本を読んでください

などと言っても無駄でした。自分の学んだことは絶対だと思っているわけです。しかし、こういったことは研究が進めば変わっていくことです。一応今の説を大事にしても、それは変わるかもしれないと、常に信じて疑っていく姿勢を持つべきです。どんな偉い人や有名な人の言説でも、なるほどと思いながら、でも一方で本当にそうなのかと疑うように、本と対話する姿勢が大事です。

　その意味で、保育記録や連絡帳をよむ際にも、書いてある内容をただ鵜呑みにすることなく、本当は何を伝えたいのかということに気を配ることはとても大事です。

● **保育の場での「かく」**

　保育をしていて、瞬間瞬間に思いつくこと、気づくことはたくさんあります。でも、1時間後、2時間後にはたいてい忘れてしまいます。

　そこでメモ帳を常に携行し、保育中や保育の後でふと気づいたことを乱暴な書き方でいいのでメモしておきましょう。

　そのうえで一日のおしまいに、それを見て、これはもっと考えた方がいいことだなと思うことについて、その前後の様子を思い出して、そのことをもう少し詳しく書いていきましょう。

　「かく」ということは立ち止まって自分とじっくり対話することです。かくことでこれまで蓄えていた知識が呼び出されて、新しい経験を説明してくれたり、旧い知識を新しい経験でつくり変えたり、というようなことが起こります。自分の〈知〉の世界が耕されるのです。その意味で、「かく」ことには独自の意味があります。普段から時々は、自分と向き合うためにかく、という習慣をつけたいものです。

2 保育に求められるコミュニケーション

MEMO

(4) みる

●保育の現場での「みる」

　「みる」ということは、保育現場においては、子どもの一挙手一投足、また親の立ち居振る舞いまで、全てがその人の何かを表していると考えて、み取ることです。

　例えば、子どもを園に連れてくる際に、毎朝ブランド物の服を着てくるお母さんがいました。ところが、保育者が「お母さん、これやってきてくださいね」などとお願いしても、やってこなかったり、子どもに対しても「早くしなさい！」と、これ見よがしにぞんざいな態度をとっていました。それを見て、周囲が陰口を言う状況になりました。ところが園長先生だけは、「ブランド物を着ているのは、あの方は、ああいうふうにして見せるしかないのじゃないかな」と理解を示したといいます。実はこの母親は、精いっぱい強がっていたのです。このケースでは、園長先生が「お母さん、すごく素敵な服を着ていますね。ところで、最近何か困ったことはありませんか？　何でも相談に乗りますよ」と、何回か声をかけると、「いいですか？」と語り始めたそうです。その母親は、1人で子どもを育てていて、仕事や子育ての両立に本当に困り果てているということでした。良い服を着ることで、「誰かわたしに注目してほしい」と思っていたのです。

　子どもも自分の困り感を表現するために、わざと注目されるような行動をとることがあります。それは困った行動かもしれませんが、子どもにとっては切実なSOSであることがあります。子どもの言動が、実は何を伝えたいのかということを嗅ぎわけられるように「みる」ことが、保育にとってはとても大切なのです。それは経験やコツや勘による部分もありますが、必ず子どもの行動や親の言動には裏に隠された何かがあって、表面に表れた一つのことをみることによって、それをどう読み取るかということが重要です。「今は親子関係がうまくいっているな」という状況だったら放っておいてもいいかもしれません。しかし、例えばお母さんが出かけようとすると、子どもが泣いて仕方ないというようなときなど、家での育て方の中に何か原因があるように読み取れる場合は、いろいろと仮説を立てて、継続的にみていてやる必要があると思います。

●コミュニケーションの一環としての「みる」

　「みる」ということは、単に観察したりチェックしたりするということではな

2 保育に求められるコミュニケーション

く、コミュニケーションの一貫として捉えることが必要です。「みる」こととは、心と心の深いところで相手と共感し合える関係をつくるための、データをみ取ることといえるのです。

　ある保育園の子どもの話です。その子は、父母が比較的高齢になってはじめてできた子どもで、猫かわいがりで有名でした。長年ずっと待ち続けてやっとできた子どもなので、周りも無理もないと思うわけです。ところが、熱心な保育者が親に「子どもに甘すぎる」「もう少し突き放してあげたほうがいい」などと言ってしまいました。その晩、その人からわたしに電話がありました。「わたしたちの何が悪いのですか。子どもがかわいいというのは素直な気持ちなのに、先生に頭ごなしに叱られる覚えはない」と言ってその方は泣かれました。

　この場合、この夫婦は子どもが「かわいくて仕方がない」という気持ちと、「どういうふうに関わっていいかわからない」という気持ちの間で、揺れていたのかもしれません。それなのに、そこで「こちらは正しいことを知っているのだから、教えてあげないと」という態度で接してしまったのです。そうではなく、「親御さんの中に疑問や悩みが湧いていないのかな」などと、相手の気持ちに寄り添うことによって、はじめてコミュニケーションになります。

　子どもに対しても、その子の持っている背景にも心を配りながら、共感的に関わる姿勢で「みる」ということが保育者にとって大切なポイントとなるのです。

3 より良いコミュニケーションづくりのために

●子どもを支える対話

　コミュニケーションでもっとも大事なのは、相手の気持ちを読み取り、感じ取る想像力です。それは相手の悩んでいること、喜んでいること、戸惑っていることに対して、こちらが価値づけする力ともいえます。

　あなたがお母さんだとしたら、自分の子どもに「今日、学校で何があった？」「そこであなたはどうしたの？」と矢継ぎ早にきいていませんか？　子どもが「別に」と言うと「1日学校にいて何もないわけはないでしょう」などと言っていませんか？　これは対話ではなく子どもにとっては「尋問」です。こうしたことが続くと、子どもは何も話したくなくなるでしょう。

　また、あなたが保育者だったら、子どもに「なぜあんなことをしたの？」「どうして言うことを聞けないの？」と言っていませんか？　これは「詰問」です。子どもとの信頼関係を失う言葉かけなのです。

　コミュニケーションの基本は子どもを共感的に理解することです。このことは何度も強調しておきたいと思います。

　理解は英語でunderstandといいます。underは「下の方から」、standは「支える」という意味です。下から支えるというのがunderstandの本来の意味です。つまり、対話の中で、子どもが悩んでいること、喜んでいること、戸惑っていることを察知して、支えどころを見つけていくことが理解の本質です。

　さらには、これからのコミュニケーションのあり方にも目を向けていく必要があります。

　2017年から2018年にかけて、幼稚園教育要領、保育所保育指針、幼保連携型認定こども園教育・保育要項、小中高の学習指導要領が改訂されましたが、ここでは、教育のあり方の転換が目ざされています。端的にいうと、これまでは知識を正確に覚えてテストで再現できる学力が重視されましたが、これからは、自分で仲間と協働して答えを見つけていける力を育成することが重要となってきました。これは不透明なこれからの社会を生き抜いていくためには、単なる知識の蓄積よりも、どんな変化にも対応できる力が必要だと考えられたからです。このことは、子どものコミュニケーション能力を育てることも保育者の仕事となって

きたことを示しているといえるでしょう。幼いころから自分の意見を言えたり、人の意見を聞けたり、話し合ったりして答えを見つけていく力を育てていくことが大事になってきているのです。そしてそこでは、対立して討論するということではなく、これまで述べてきたような、本来のコミュニケーションの力、つまり、相手を理解し、共感できる力を育てていくことが大切になってくるわけです。

●コミュニケーション・トレーニングとは

では、コミュニケーションのスキルを身につけるためには、どのようなトレーニングをしていけばよいのでしょうか。

それには、保育におけるコミュニケーションの考え方をまずしっかりと身につけたうえで、具体的な事例をたくさん経験しながら、だんだんと無理なくコミュニケーションが図れるようにしていくことしかないでしょう。

コミュニケーションというのは言葉だけでするものではありません。しぐさ、声、態度、時や場所などさまざまな要因を絡み合わせて行っていくものです。こうしたことを、経験を積むことによって自分なりのスキルとして獲得していくことが大切なのです。

自分が話した内容が相手にとって良かったのか、そうでないかを自分自身で振り返って考えられるようにすることがトレーニングの目的の一つです。より良いコミュニケーションのために、現場やトレーニングで経験を積みながら、子どもたちとのより良い関係づくりにつなげていってほしいと思います。

［汐見稔幸］

コミュ力アップ！

実践編

プロローグ

1 きく〜聞かせてもらう技法

2 はなす〜話す技法

3 よむ〜読む技法

4 かく〜書く技法

5 みる〜みる技法

実践編

プロローグ

(1) コミュ力を高める職場に

　わたしは、園に巡回した際、職員間のコミュニケーションを良くする取り組みとして、以下の3つのポイントを紹介しています。

> ① 職員同士は、
> 　笑顔・あいさつプラス今日の健康状態を話す。
> ② 保護者には、
> 　名前を呼び、あいさつプラス一言。
> ③ 子どもには、
> 　一日一回、目をしっかり見て、笑顔で名前を呼んで抱きしめる。

　上記の3つのポイントを、自分の園やクラスの事情に合わせ、1つでも、2つでも実践し、できたら3週間続けます。3か月くらい続けると変化が起きることを実感できます。

続けてきた保育園の感想

① 職員同士で

【課題：若手職員に一日一回声をかける。「おはよう！　〇〇さん」】
- 毎日ではないが心がけていったら、あいさつだけでなく一言つけたことで話が広がった。
- 短期間だったので、まだ見えてこないところもある。
- 新人の子は反応が良かったが、中堅の子は少し警戒するような姿があった。
- コミュニケーションを取ることで、さまざまな小さなことをキャッチすることができ、いろいろな問題等を未然に防ぐことができた。
- 苦手な人とも子どもの話題を介してなら話すことができた。
- 苦手だと感じる人がいることに気づいた。でも、話すことで少しずつ相手からも話してくれるようになり、自分から話しかけてもいいというハードルが下がったように感じられた。

- 失敗したことも話してくれるようになった。
- 信頼感を深めることができた。
- 事務室に若い子が来るようになった。

② 保護者に

【課題：あいさつには名前をつけるということを実践する】

- 日頃から、名前をつけてあいさつをするよう心がけているスタッフもいたが、園全体での取り組みとして「あいさつ」を改めて考えた。
- 子どもに対しては、名前つけを自然に行っていたが、保護者に対してやスタッフ間ではできていないということで保護者・スタッフ同士でも同じようにあいさつを交わすことにした。

【課題1：自分からする……人と会ったら率先して自分からあいさつをする。

2：立ちどまってする……動いている動作の中であいさつをすると「〜ながら」感が強く発信され、相手にこちらの心が届かないように思う。必ず止まり、相手にこちらの膝を向けあいさつする。

3：はっきり発音する……何を言っているのかわからない言葉で「モゴモゴ」とあいさつしても、相手は聞き取れない。あいさつはハッキリと聞き取れるようにする。】

- 一方的だった「おはよう」が、コミュニケーションへと変わってきた。
- きちんとあいさつすることを習慣づけ、円滑な対人関係の基礎をつくっていきたいと思う。あいさつを大切にしていくと、それだけで子どもたちにとって、自分の存在、保育士の存在、お友達の存在をきちんと受け止めていくための、良いきっかけになっていくのではないかと思う。「おはよう」のあいさつだけでなく、「ありがとう」「さようなら」「ごめんね」など全てのあいさつ、言葉を一人ひとりに大切に伝えていこうと考えている。

③ 子どもに

【課題：全スタッフで、一日一回、クラスの子ども全員を抱きしめて大好きと伝えていく】

- 今回の研修で「子どものことを笑顔で愛情を持って抱きしめてあげることが大切である」というお話を聞き、実際に自園でも行ってみたらどのような変化があるのか、と興味を持った。7月上旬のスタッフ会議でこの取り組みについて話し、全員で10月までの4か月間、一日一回愛情を持って子どもたちを抱きしめ、「大好きだよ！」と伝えることを実行してみた。各担任に、4か月後の変化について聞いてみた。
  0歳児……子どもが機嫌の悪いときや、泣いている子に対して抱きしめると落ち着きが早くなった。

1歳児……イヤイヤ期の激しい子に対し、一度抱っこをして抱きしめてあげてから担任が話をすると、落ち着いて話ができるようになってきた。

2歳児……取り組みを始めたころは抱きしめてもポカンとしていたり、不思議そうな表情をしている子が多かったが、次第に抱きしめられることが心地良いと感じる様子が見られてきた。また、子どもの方から何気ないときに「先生大好き」と伝えてくるようになった。

3歳児……取り組みを始めてからキレやすかった子どもの態度が少しずつ変わってきて穏やかになっていった。また子どもの方から担任に対し愛情を示すようになっている。

4歳児……ハグが大好きになっていった。午睡前にハグをしているが、時間がなくてできなかったときには「ハグしないの?」と残念そうにする子が多い。

5歳児……午睡前に抱きしめてあげることにより、スムーズに落ち着いて眠れるようになった。また、気持ちが荒れている子がいたときに抱きしめてあげると、「先生は自分を受け入れてくれている」と感じ、気持ちが落ち着いていく様子が見られた。

〈スタッフ側からの変化や感想〉

● 毎日抱きしめてあげるだけで、子どもがこんなに喜ぶんだと驚いた。

● 抱きしめてあげたときのとびきりの笑顔を見るのが毎日楽しみになった。

● 子どもを叱った後に抱きしめてあげると担任側も不思議と落ち着いてイライラが和らいだ。

● 自分の心にゆとりが生まれ、穏やかに保育ができるようになってきた。

● 子どもをほめるときにも必ずハグしてあげると言葉だけの場合より、より気持ちが伝わっている。

● スキンシップは、もう年長なんだから……ということではなく、年長児にとっても大事なことなのだと思った。

(2) 保育者の一日のコミュニケーションのポイント

本書ではこれから、コミュニケーション力を高めるための、さまざまなワークを紹介します。その前段階として、日常にあるコミュニケーションのポイントを挙げました。先に挙げた3つのポイントを基盤に、保育者の一日の流れに沿ってより具体的に表したものです。一つ一つ順を追って確認してみましょう。

朝起きたら、鏡を見て笑顔をつくる

笑顔は自然に出ない、つくるもの。家の玄関に鏡を置いて見ることを習慣づけるとよい。

朝食はしっかりとる

仕事はじめは、あいさつから

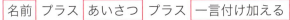
名前 プラス あいさつ プラス 一言付け加える

名前を言われると、ちゃんと自分のことを見てくれているんだとうれしくなり、園への信頼感も高まる。

苦手な保護者は、好きになるのではなく、許容できるように

誰にでも苦手な人はいます。保育者だからといって、無理に全ての人を好きになる必要はありません。ただ、許容範囲に入れるという心がけは必要です。

苦手な相手に対してはどうしても声かけが少なくなりがち。そして、そういうことを保護者は敏感に察知します。苦手な人、コミュニケーションを取りづらい相手ほど、意識的に声をかけるようにしましょう。比較的仲の良い、話しやすい保護者には、軽い会釈だけでもOKです。

仕事中は「声かけ」を心がける

声をかけられることで自分のすべきことがわかる（A先生が部屋を出るなら、今、A先生が見ていた子も自分が見なくてはいけない……というように）。

休憩中は、できるだけおしゃべりをする
おしゃべりはコミュニケーションの土台。休憩は、どの職員もなるべく同じ部屋でとるようにして、他クラスや他職種の人とも自然に交流できるように工夫する。

大切なことを決めるときは、職員同士・一対一で対話する
保育に関することは、職員同士で話し合って決める。特に大切なことを1人で抱え込まないように。日頃のコミュニケーションで話しやすい関係をつくっておくことも大事。

夕方のあいさつも大切に
名前 プラス あいさつ プラス 一言付け加える

仕事の終わりは、感謝の気持ちで

自分が苦手な人や失敗した場面を振り返り、その苦手な人や失敗を注意してくれた人の顔を思い浮かべて感謝をする（相手にマイナスな感情をもったままにしない）。

就業後は、自分のケアを
趣味や友人とのおしゃべりなど、仕事にまったく関係のないことでリフレッシュ。お風呂にゆっくりつかる、大きく深呼吸、というだけでも十分。

寝る前に、楽しいことを考える
一日の終わりに、楽しいことを考えることを習慣づける。慣れるまでは、無理にでも楽しいことを絞り出して、楽しい気持ちで眠りにつけるように。

(3) 園のコミュニケーション・チェックリストづくり

さらに、園のコミュニケーション力を高めるために、各園独自のチェックリストをつくることをお勧めします。わたしが主宰している勉強会でつくられた園のチェックリストを参考にして自園に合ったチェックリストをつくってみてください。

資料1　園のコミュニケーション・チェックリスト（例）

氏名＿＿＿＿＿＿＿＿

場面		内容	月日				
登園時	雰囲気づくり	自分から元気に、聞こえるように挨拶をしている					
		子どもの名前を呼んで挨拶している					
		保護者が安心できるように笑顔で対応している					
		「いってらっしゃい」と明るい声をかけている					
		穏やかにゆったりとした雰囲気をつくっている					
		保護者が話しやすい環境をつくっている					
		表情、態度、口調に気をつける					
	声かけ	ケガや体調不良で欠席していた子の様子を聞いている					
		天気など子ども以外の話もしている					
		家庭での様子を聞いている					
		子どもの普段の様子や成長を伝えている					
		「いってらっしゃい、気をつけて」と挨拶に一言添える					
	心がけ	子どものちょっとした変化に気づく					
		出入り口の近くに立ち、挨拶をしている					
		忙しい中でもスムーズな子どもの受け取りをしている					
		子どもが泣いているときは不安にならないように声をかける					
		保護者が安心して仕事に行けるよう送り出している					
降園時	雰囲気づくり	元気に自分から聞こえるように挨拶をしている					
		会話しやすい雰囲気をつくっている					
		明日も元気に登園できるよう気持ちを込めさよならする					
	声かけ	連絡事項は忘れず伝えている					
		その日のエピソードや遊んでいる様子を伝えている					
		お帰りなさいの挨拶の中にも一言添えている					
		朝、泣いてしまった子の一日の様子を話している					
		子どもが迎えに来て嬉しい気持ちを保護者に伝えている					
		お願いや連絡だけにならないようにしている					
		できたこと、成長が見られた場面を詳しく伝える					
		何気ないプラス一言（良い天気ですね　など）を言っている					
		何かしながらでなく目を見て丁寧に伝えている					
		マイナスなことは丁寧に、良かったことも伝えている					
		家の様子を聞く					
		ねぎらいの言葉をかけている					
		できたこと、成長が見られた場面を詳しく伝えている					
	心がけ	安心して来られるよう、明日も待ってるねと声かけしている					
		相談したい相手になれるように心がけている					
		挨拶して、保護者が迎えに来たことをきちんと把握する					

実践編

場面	内 容					
連絡帳・掲示（ボード）	丁寧に見やすい字で書いている					
	保護者の記入を受けての一言を書いている					
	順序立てて、誤解の無いように書いている					
	わかりやすく書いている（長くせず、要点を伝える）					
	遊びや生活の様子がわかるように書いている					
	様子や子どもの成長が伝わりやすい言葉選びをしている					
	マイナス言葉は書かず、ポジティブな言葉で書いている					
	専門用語を使わない					
	文章は後々残るものと意識して書いている					
	クラス個別の連絡や感染症などの流行なども伝えている					
	具体的に子どもが言った言葉や行動を書いている					
	全体の活動を記入した後、子どものエピソードを書く					
	子どものその日の印象深かったことを書いている					
	ボードはその日の主活動をわかりやすく書いている					
	ボードにその日に活動したものを飾るなど工夫している					
	保護者が読み返して気持ちよく思い出せるように書く					
	家庭でのエピソードに触れて園での様子と関連づける					
	キャッチボールできるように書いている					
	読んで不快にならないように気をつけている					
	保護者と一緒に成長を喜べるような出来事を書く					
	誤字脱字に気をつけている					
	こちらのお願いは強い文面にならないようにしている					
	答えにくい内容は担任や園長に相談し口頭で伝えている					

＊このチェックリストは、全てチェックがつかないといけないものではありません。チェックしていく中で自分がやっていないものは何かを知るためのものです。

チェックリストの活用方法

★職員会議の前に「チェックの時間」を5分つくり、チェックリストに各自でチェックする
★チェックした後、各自で何ができて何が足りなかったかを3分で振り返る
★次のチェックする日まで努力していきたい項目を決め、実行する
★数か月チェックする中で、各自の強みの部分、弱い部分を見つけていく

(4) 話しやすい職場環境づくり

　本書ではこれから、さまざまなワークを紹介していきます。そしてそれらはいずれも、職場内で行うことを想定しています。

　そこで大切になるのが、一緒に取り組む仲間関係、職場の環境です。ワークの中では、ロールプレイや感想を言い合う場面が多くありますが、そのとき、気兼ねなく話せる仲間関係であることが、よりワークの効果を高めます。

　そこで、本編に入る前に、仲間関係を良くするワーク「失敗を語ろう」を紹介します。

〈ワーク〉 失敗を語ろう

すすめ方

① 4～6人でグループをつくり、そのグループ内の年長者・先輩から順に、日常生活で失敗したことを話す。聞き手は笑ったり驚いたり、リアクションを意識して、話しやすい雰囲気をつくる。
※年長者から話すことで、若い職員が話しやすくなる。
② 参加者がひと通り話し終えたら、仕事の失敗について語り合う（①同様、年長者から話す）。

　皆さんは朝、出勤して同僚と顔を合わせたとき、相手の様子をどのくらい気にしていますか？　また自分のその日の調子について周囲に伝えているでしょうか。

　社会人として、多少体調が悪くてもあえて言わないといった雰囲気があるかもしれませんが、共に働く仲間へ心を寄せることはとても大切です。毎日、体調の確認を習慣にすると、職場内に互いを思いやる空気ができてきます。

　例えば朝、互いの健康状態を伝え合うことで、「今日、先生はあまり調子が良くないようだから、早めに帰ってください」「プールの片付けはわたしがやりますから、こちらをお願いします」といった声のかけ合いが生まれます。チームで仕事をする保育者としては、このような声のかけ合い、互いの気遣いはとても大切なことです。

　弱音が吐ける、失敗を語れる関係づくりのために、こんなワークを行ってみるのもよいでしょう。

実践編

1 きく〜聞かせてもらう技法

「話す」と「聞く」では、実は「聞く」ことのほうが難しいのです。まずは「聞く」トレーニングから始めましょう。

(1) ウォーミングアップ

●保育者は聞き下手？

「わたしは話し下手だから、保護者とうまくコミュニケーションが取れなくて」という保育者がいます。しかし、コミュニケーションにおいて、上手に「話す」前に、上手に「聞く」ことが大事。そして、この「聞く」こと、実は「話す」ことより難しいのです。

そもそも保育者は、「聞き下手」な傾向があります。なぜなら、保育者の資質として、「困っている人を助けたい」という思いが強くあり、保護者が悩んでいたら、自分の持つ正しい（と思っている）知識を伝え、その悩みを解決して楽にしてあげたい、と思うからです。聞くよりもまずは「話して伝える」ことが優先されるからなのです。

しかし悩んでいる保護者の中には、思いを言いたいだけ、聞いてもらえれば満足、という人も多くいます。そういう相手の思いを捉えず、とにかく言葉をかけて助けようと頑張ること、それはもう「説得」の域です。いつのまにか、保育者が「話を聞いてもらう側」になり、保護者は聞き手になっているのです。

●「聞く」から「聞かせてもらう」へ

保育者が保護者の話を聞く場面として代表的なものに、個人面談があります。しかし、保護者の中には、「個人面談は、先生から何か言われる日」と構えている人が少なくありません。保育者が話を聞きたいと思っていても、何か言われるのを待っている保護者に話をしてもらうのは、なかなか難しいことなのです。では、どうしたら相手の話を引き出せるのでしょうか。

ここで必要になるのが、「聞く」より、「聞かせてもらう」という意識です。保育者が保護者の話を「聞く」場合、どうしても「聞いてあげる」という感情

が入っているように思います。一方「聞かせてもらう」は、ぜひ聞きたいという受け身で、なおかつ相手が主になります。実際、「お話ししてくださりありがとうございます」という姿勢で接すると、少し難しいと思う相手ともコミュニケーションがうまくいくことがあるのです。

●聞くときに大切な5つのコト

では、具体的にどのようなことに気をつけたらよいのでしょう。実際に話を聞く際のポイントを挙げてみました。

1. 相手の話を素直に聞く

相手がどんな人であろうと、はじめからこういう人だと決めつけて人の話を聞かないこと。相手のことを苦手だと思っていたり、年下のくせにと思っていると、話の内容が正確に入ってこないことがあります。

2. 聞いた話を鵜呑みにしない

聞いた話を自分の頭と体を通していろいろな観点で考えてみましょう。たとえその相手が自分の尊敬する人であっても、一度は批判的な視点でその話を捉えてみることも大切です。

3. 聞いた話に対する自分の考えをまとめる

聞いた話、意見に対して賛成か反対か、自分はこう思うという考えをまとめます。わからなかったらわからないと素直に認めましょう。勝手な解釈をしないことも大事です。

さらに、個人面談など保護者の話を聞く場面を想定すると、次の2点も重要になります。

4. 聞くモードになる

保護者の話を聞くときは、「今日は聞くだけ」と自分に言い聞かせましょう。後ほど、相づちやうなずきなど聞く技法のトレーニングを紹介しますが、耳も頭も聞くモードになっていないと、上手な相づちは打てません。

5. 自分のことは話さない

「今日は聞くだけ」と決めたのですから、自分のことは話さないのが基本です。とはいえ、相手から質問をされることもあるでしょう。その場合は、聞かれたことだけ手短かに話しましょう。相談された場合も、はっきりと答えを出さず、回答は2つ用意しましょう。決めるのは保護者です。保育者は選択肢を与えて、保護者自身が答えを出せるように導くことが大切です。

●上手な聞き方

　このような事柄に留意することで、「聞く」というレベルから、「聞いてわかる」というレベルに達し、「聞き上手」につながります。自分はどうかな？　と振り返る際指標となるのが、次の2点です。

　①　人の話を聞いた後にすぐ、その内容に質問ができる
　②　聞いた話を第三者にできるだけ正確に伝えられる

　これらが身についたら、「聞いてわかるレベル」に達したという証でもあります。そのためにも、次ページからのワークに取り組んでみましょう。

(2) ワーク

実際に、ある園の職員で行ったワークをもとに紹介します。

この「聞き上手になるトレーニング」は、**Step1〜2**で、聞かせてもらう技法のベースとなる姿勢を学び、**Step3〜4**で積極的傾聴という、聞き手として最も大切なことを学びます。ぜひ、各職場で実践してみてください。

Step 1　非言語コミュニケーションの技法を学ぼう

「聞かせてもらう技法」の基本のキ、非言語のコミュニケーションを学びます。ペアで話し合うスタイルを紹介しますが、講師が解説する形にしても構いません。

すすめ方

① 2人一組になり、自己紹介をする。

② 保護者との面談を想定し、まずは環境設定と座り方などについて話し合う。ファシリテーターは考えるヒントとして、下記の3点に注目するように伝える。

- **●座る位置は？**：対面か横並びか、距離はどうか。
- **●目線・視線は？**：まっすぐ目を見るのが良いか、どの辺りを見ると良いか。
- **●姿勢は？**：上体はまっすぐか・傾けるか、腕を組む・足を組むのはどうか。

③ ある程度話し合ったところで、ファシリテーターが解説をする（**POINT**を参考に）。

④ ③を踏まえ、次は相手が話しやすくなる「聞き方」について話し合う。その際、「表情」「しぐさ」「声のトーン」を注目ポイントとして話す。

⑤ 3つのポイントを中心に、話し合った内容を発表する。その後、ファシリテーターが解説をする（**Advice**を参考に）。

POINT

- **自分の心臓側に相手がくるように**：正面は緊張するのでやや横並びに。園庭で子どもがあそぶ姿を見ながらなどがベスト！
- **片手を伸ばして触れない程度の距離**
- **目線は顔全体に向ける意識で**：相手の目から少しずれた所を見ると、相手にプレッシャーを与えない。
- **姿勢は前傾20°くらいが好印象**：もっと話を聞きたいというサイン。それ以上前傾すると、卑屈に見えるので要注意。

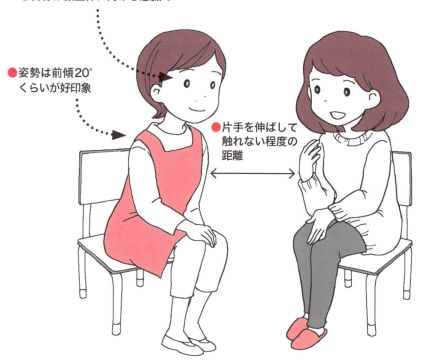

Advice 表情・しぐさ・トーン

❶ 表情・しぐさのコピー

聞き手は、相手と表情やしぐさを合わせるとよいでしょう。

- **表 情**：相手が笑顔なら聞き手も笑顔、悲しげなら悲しげに　など
- **しぐさ**：相手がカップを持ったらカップを持つ、腕を組んだら腕を組む　など
  ※話すときに腕を組むのはあまり良くないが、相手が組んだなら同じようにしても良い。合わせることで相手に安心感を与える。

1 きく〜聞かせてもらう技法

❷ 「オープン」と「ブロック」

「オープン」は、腕を広げるようなしぐさで、「相手の話を聞きます」という意思表示になります。ブロックは、手や腕で体をかばうようなしぐさで、相手は拒絶されていると感じることも。腕組みや足組みも同様に不安感の高いポーズです。聞き手は「オープン」を心がけ、話し手が「ブロック」のしぐさをしていたら、不安や緊張があるのかな？　と気にするようにします。

❸ 声のトーン

話題に合わせて声のトーンを調整しましょう。例えば、楽しい話題のときは「高め」、深刻なときは「低め」、重要な話は「低くゆっくり」が良いといわれています。

Step 2　ロールプレイ　聞き方の基本

２人一組で行うロールプレイです。さまざまな聞き方を体験します。

すすめ方

＊観察メモ（資料２）を配付し、各自記録しながら進めてよいでしょう。
① ２人一組になり、話し手と聞き手の役割を決める。
② ファシリテーターは話し手にのみテーマを伝える。各組、話し手はそのテーマに沿って話をし、聞き手は下記の指示に従って応じる。（各１分）
- 1回目（自慢話）：相手を無視する

- 2回目（好きな食べ物）：うなずくだけ（首だけではなく、体全体でうなずくように。息を吐くのと同時にうなずくとよい）
- 3回目（最近のテレビを見て）：相づちを入れる
- 4回目（行ってみたいところ）：相手の言ったことを反復する（オウム返し）

③　役割を交代して、②の４回のロールプレイを繰り返す。

④　役割関係なく、２人で自由に話す。テーマはこの夏の話（思い出・これからやることなど）。

⑤　ロールプレイをやってみてどうだったかを話し合う。このとき、リーダーを決めて話したことをメモに残す。

⑥　各組で出た感想をリーダーが発表。それを受けてファシリテーターが解説をする（ Advice 参照）。

感　想

- 無視するのは難しい。無視はするのも、されるのも難しい。
- うなずきや相づちは割合簡単だが、同じ言葉を繰り返すのは、難しい。
- オウム返しは、どの部分を繰り返すのかが難しい。相手の話をしっかり聞いていないと、不自然な感じになる。
- 自分の言ったことを繰り返されると、話し手としては、ちゃんと聞いてくれている安心感がある。

Advice　うなずき・相づち・反復

　このワークで話し手と聞き手を両方体験することで、「どういう聞き方だと話しやすいか」を実感できたと思います。自分は真剣に聞いているつもりでも、それが相手に伝わらなければ話しづらいと思われてしまいます。そこで必要なのが、今回学んだ「うなずき」「相づち」「反復」といったテクニックなのです。

❶　うなずき

　うなずきは、話の内容に同意するというより「感情的にあなたを受け入れています」という意味合いの強いもの。コミュニケーションのスタートとして、相手を受け入れていることを伝えるのにとても大切です。

　うなずきは、首を振るだけの単純なしぐさですが、速さや、深さなどを変えることで印象が変わります。相手や話の内容によって使い分けられると良いでしょう。保護者相手の場合は、少し動きを大きめに。特に、まだあまり心を開いていない保護者の場合、しぐさを大きくしないと伝わらないこともあります。少し大げ

さにうなずくくらいが、ちょうど良いかもしれません。

❷ 相づち

相づちは、話の合間に入れることで話のテンポや流れを良くする潤滑油のような役割です。ワンパターンにならないよう種類を豊かにしたいものです。「はい」「はいそうですね」など「はい」が多くなったら、次は「なるほど」と違うタイプの言葉を入れるなど、工夫します。ただし、注意したいのが「わかる」「よくわかる」などは使わないということ。話し手に、「そんなに簡単にわかられてたまるものか」という反発の気持ちを抱かせてしまうことがあります。

相づちを打つときのコツとしては、「ちょっと間をおいて、相手のリズムより少しゆっくり」を心がけましょう。「ちゃんと聞いています」という印象を与えます。また、相づちはうなずきとセットにすると自然な感じになります。

❸ 反復（オウム返し）

反復は難しいと感じる人が多いようですが、うまくできると、相手は自分の話をちゃんと聞いてくれている、受け入れてもらっていることをより強く感じることができます。保育者は、保護者を相手にすると、何か言わなきゃと思いがちですが、話をしっかり聞いて言葉を繰り返すだけで、相手は話しやすくなり、話を展開していってくれるでしょう。

反復のコツは、「明快に」「短く」「要点をつかんで」です。相手の話をしっかり聞いて、繰り返すべき言葉を選んで返すようにしていきましょう。

| Step 3 | ロールプレイ「積極的傾聴」①３人組 |

３人組になってロールプレイを行います。２人は、座り方や聞き方などStep1～2で学んだことを生かして対話をし、１人がそれを観察します。

すすめ方

＊観察メモ（資料２）を全員に配付する。

① ３人組をつくり、役割を決める。
　　A＝聞き手　B＝話し手　C＝観察する人
② ファシリテーターがBだけにテーマを知らせる。
　　テーマ例：子ども時代のこと、今うまくいっていること　など
③ Bがテーマに沿って話す。Aは聞き、Cはそのプロセスを観察しながらメモを取る。Cは立ち歩いてもよい。（2分）
　※観察者は、良い悪いの評価をするのではなく、自分の目に映ったありのままを具体的に書いていくこと。

【例】
　笑顔だったのと、うなずきが大きくてわかりやすかったのが話しやすそうで良かったです。
　ただ、相づちの「そうですか」が多かったのが、少し気になりました。

④ 時間になったら、話の途中でも一旦やめて、Cが観察して良かった点を２つ、直すと良いと思う点を１つ言う。
⑤ ３人の役割を交代し、②～④を行う（話のテーマはその都度変える）。
⑥ 全ての役割が循環したら、このワークを通じて感じたことを３人で分かち合う。その際各組１人リーダーを決め、話を進めながらメモを取る。
⑦ 各組で出た感想をリーダーが発表する。

1　きく〜聞かせてもらう技法

感　想

- 話しやすくなる聞き方をする人を見て、自分もまねしてみようと思った。
- 聞き方が上手だと、話しやすいということを、客観的に見ることができた。
- 今回は話しやすいテーマだったが、これがもっと深刻な話題になったとき、このスキルを使っていけるか、少し不安がある。
- 観察者になったときは、話したり聞いたりに神経を使わず観察することに集中できる。また、良い点・注意したい点など焦点を絞って見るので、しっかり観察できる。

Step 4　ロールプレイ「積極的傾聴」②要約

3〜4人組になってロールプレイを行います。少し長めの話を聞き、要約して伝える力を養います。

すすめ方

① 3〜4人組をつくり、話し手を1人決める（それ以外は聞き手）。
② 話し手は、指定されたテーマに沿って、自分の経験談を交えて話す。聞き手は、メモを取りながら黙って話を聞く。（20分）
③ 話し終えたら、聞き手はそれぞれ自分のメモをもとに話を要約して1分程度にまとめ、順番に話す。
④ 役割を交代して、②〜③を繰り返す（話のテーマは変える）。
　※時間がない場合は、ファシリテーターの話を参加者全員で聞き、要約の発表は数人が代表して行うスタイルに。また、全員が両方の役割をしたい場合は、2人一組で交替して行う。
⑤ 全員で1つの輪になり、それぞれ感想を発表。最後にファシリテーターが解説を行う（ Advice 参照）。

Advice　積極的傾聴

このワークのポイントは、話した内容についてポイントを落とさずに要約できるか、ということです。大切なのは、相手の話の中の要点を逃さないこと。そのためには、メモを効率よく取ることが必要となります。メモの取り方については、「書く技法」の章で詳しく学びますが、まずこのワークでは、相手の話の要点を押さえて理解するにはどのように聞くべきか、ということがわかったのではないかと思います。

本ステップでは、「積極的傾聴」を学びました。「積極的傾聴」とは、「相手にとっての意味を理解」し、「その奥底にある感情を敏感に受容すること」。アメリカの心理学者ロジャーズが提唱したカウンセリング用語で、彼は、積極的傾聴の3要素として「共感的理解」「無条件の肯定的関心」「自己一致」を挙げています。それぞれの意味は以下の通りです。

- **「共感的理解」に基づく傾聴**：相手の立場になり、相手の気持ちに共感しながら聴くこと
- **「無条件の肯定的関心」に基づく傾聴**：話の内容にかかわらず、はじめから否定せず関心を抱くということ
- **「自己一致」に基づく傾聴**：聞き手は相手の気持ちと同様に自分の気持ちも大切にし、わからないことはそのままにせず、質問をして確かめ、相手に対しても自分に対しても真摯な態度で聞くということ

　積極的傾聴の基本となる、「相手の話を深く理解するために積極的に聞いて、聞いて、聞く」という体験ができたのではないでしょうか。

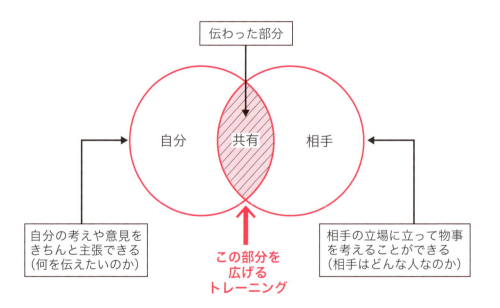

［新保庄三］

資料2　観察メモ（Step2〜3で使用）

観察メモ　　　　　　　　　　　　　　　　　　　　氏名＿＿＿＿＿＿＿＿

座る位置		
目の動き		
座り方		
姿勢		
表情		
うなずき・相づち		
声の調子		
感情の表現		
雰囲気 緊張・堅さ・開放 なれなれしさなど		
その他		

(3) 保育者に求められるコミュニケーション

　ここからは、保育者が日々の実践等で心がけたいコミュニケーションのあり方や、心にとめておきたいことについて考えたいと思います。

● **保育の場**

　保育の実践では、「一人ひとりを大切に」「子ども主体」という言葉がよく使われています。乳児クラスでさえも1クラスの人数が多くなっている園が増えている中で、本当の意味での一人ひとりを大切にした保育が、子ども主体の保育が実践されているでしょうか？

事例

　時々耳にするのが、「話を聞けない子がいるんだよね」「あの子いつもふらふらしたり、よそ見をしたりして集中できていないのよね」という保育者の話です。

　その場面を一度振り返ってみましょう。

　なぜ聞けないのでしょうか？　なぜ集中できないのでしょうか？　そういう話題のときに、一緒に話を聞いている同僚も「そうそう、あの子ね」とただ話題にするだけの視点で相づちを打ってしまっていませんか？　また、その保育者が先輩だったり、自分と気の合う同僚だったりした場合にも、保育者としての専門性が感じられない、まるで世間話のような会話で終わってしまっていることはないでしょうか？

Advice

　この場合、保育実践を振り返るという保育のプロとしての丁寧な視点があれば、
・保育者の話し方はどうだったか？（声のトーンは？　音量は？）
・話の内容は、興味や関心を引き出せるようなものだったのか？
・その子の、そのときの心持ちは？　昨日からの様子は？（子ども理解）
・日頃、保育の中でその子の話を聞いてあげている？

1 きく〜聞かせてもらう技法

　子どもは一人ひとり皆違います。「話が聞けない」「集中できない」「他の子と違う」……ではなく、時間をかければその子からたくさんのことが学べます。保育者の意識や、専門性も高まるでしょう。

　子どもは一人ひとり、いろいろなことを感じています。ましてや大きな集団の中にいては、大きな声の子どもの話や訴えは、自然と耳に飛び込んできますが、小さな声で訴えていたり、言葉にならない心の声は、意識していなければ聞き流してしまっているのではないでしょうか？　そのとき、その言葉にどう寄り添うか、共感の言葉をかけてあげられているか、思いを汲み取って代弁してあげられているか？　そこには、その子の育ちにとってとても大切なことがあるように思います。

実践編

事例

　ずいぶん前の話になりますが、ボランティアで紙芝居の読み聞かせをしてくださるおじいさんとの出会いがありました。最初は子育て広場で地域のお母さんとお子さん向けにとお願いしました。何度か聞かせていただくうちに、その語り方、表情、雰囲気の温かさが癒されるというか、安心感があるというか、大人でも話に引き込まれました。

　そこで、保育園にも毎月1回来ていただくようお願いをしました。保育園に来る日が近づくと、おじいさんは図書館に出かけ、どんな話をしようかと紙芝居選びをされるのだと、その時間がとても楽しいと話されていました。おじいさんの紙芝居は回を重ねるうちに、子どもたちもその日を楽しみに待つようになりました。

　紙芝居を聞いているときの子どもたちの目の輝き、耳を傾けしっかりと聞き取ろうとする集中力、おじいさんとのやり取りを楽しむ姿に感動したことを、今でも昨日のことのように覚えています。おじいさんが、おじいさんの人柄がにじみ出るような声で、優しいまなざしで見つめてくれながらゆっくりゆっくりと語ってくれる。そのリズムが、雰囲気が、子どもたちには何ともいえない安心感として心に響くものがあるのだと感じました。

　おじいさんは、児童館でも紙芝居をされていたそうですが、子どもたちが聞いていられなくなり断られたと、とても残念そうに話されていました。

Advice

　時代の流れなのか、現代では街にも家庭にも、常にBGMが当たり前のように流れています。アニメもゲームも刺激的で、何が必要で、何が大事かもなく、皆同じことをしていないと不安になるようです。その子にとって子ども時代の今だからこそ大事にしなければならないことがあるはずではないでしょうか。BGMは聞き流すだけにして、大事なのは、しっかりと向き合い、一人ひとりをよく見ること、心を感じること、そして共感することだと思います。

　年中行事も、わらべ歌も紙芝居も、次世代に伝えていきたい大切な日本の文化です。「紙芝居」が保育の実践の中で、どのような場面で登場してくるでしょうか？　場面と場面をつなぐことだけではない役割と、そのことからの子どもの内面の育ちを感じ取ってほしいと思います。

1 きく〜聞かせてもらう技法

● **保護者対応**

事　例

〈噛みつき〉１歳児クラス

　月齢が低いこともあって、３歳上に兄がいるからか大きい子たちのあそびに興味や関心があり、邪魔をするつもりではなく、そばに行き相手がつくっていた物を壊してしまったり、邪魔をしてしまうことが多い子がいました。そのようなことが続く中で、その子が近づくだけで壊されると思った子が、噛みついてしまうということが起きました。担任も気をつけてそばにいるようにしたりはしていたものの、何度か繰り返されてしまいます。

　保護者に伝えたところ、「相手の親に伝えているのか？」「先生たちで対応策について話し合われているのか？」「二度とないようにしてほしい」と言われてしまいました。

Advice

　噛みつき等のトラブルに対する対応は園によって違うので一概にはいえませんが、前提として、噛まれた子の親に園としてそのときの状況を伝えながら、今後十分に気をつけて保育していくということを話し、理解してもらうやり取りがあります。

　このケースの場合には、何度か繰り返されてしまったということと、保護者から園全体で今後の対応策について話し合われたか、今後の具体策を問う訴えもあることから、担任だけに任せるのではなく、園全体で共有することと、園長が保護者と向き合い、話を聞き、今後の対応策がどのように話し合われ、方向づけられたかを丁寧に伝えると良いと思います。また、「二度とないように」という要

求に対しては、子どもの育ちの見通しを伝える中で、二度と起こらないように努力はするが、その約束はできないと伝えることも、大事なことです。軽はずみに「二度と起きないようにします！」と園長や担任が言ってしまった後で、また起きてしまったら取り返しのつかないことになります。できないことはできないとはっきりと伝えた方が良い場合もあります。

　保育園で長い時間生活をする子どもたちは、家庭と保育園の2つの生活の場を持っています。一日の中で家庭と保育園を行ったり来たりするのですから、家庭と保育園の連携がしっかり取れていなかったら困るのは子どもたちです。そのためにも保護者との信頼関係は不可欠です。

　保護者の子育てに対する価値観や家庭環境・職場環境等により対応はさまざまですが、まずは信頼関係を築くためにも、登園・降園時のあいさつはしっかり笑顔でしていきたいものです。日常的に声をかけ合う関係が築けていると、保護者からの声かけにも苦手意識を持つことなく応えていけるのではないかと思います。

　保護者会や保育参加、個人面談等の機会に、子どもの育ちの見通しやそのために必要なあそびを通しての経験について、丁寧に伝えていくことが大切だと感じます。

　経験や出来事を意味づけること、そのことを保護者会等の場を通して、他の保護者とも共有することにより「共に子育てをしている仲間」として、保護者同士がお互いを受け入れられるようになり、子育てにも自信が持てるようになるのだと思います。

●同僚との関わり～お互いを理解し合う視点での「聞く」

　保育園はさまざまな人の集まりです（人生観・価値観・年齢・保育観）。さまざまな働き方の人もいます（職種の違い・正規・非常勤・契約・パート）。一人ひとりが、保育園という組織にとって不可欠であり、大事な保育園の"人財"です。

　でも、その一人ひとり、性格も違い、育ってきた環境も経験も違います。自分に合う人もいれば、合わない人もいます。何でも「だいじょうぶ、だいじょうぶ」と楽観的な人もいれば、「どうしよう」と悲観的に捉える人もいます。「自分でなんとかしなきゃ」と考える傾向の人もいれば、「誰かに助けを求めよう」と思う人もいます。

でも、その「自分」にどのような癖があるのか意外とわかっていなかったりします。だからこそ、「それってどういう意味？」「なぜそれが必要？」と声をあげて、相手に聞くという習慣をつけると、「こんなこと考えているのは自分だけ？」「わたしは皆と違う？」などと悩んでいたことが、話してみることで自分の思い込みに気づいたり、違う視点で捉えることができたりします。

気になることや、心配なことがあったら皆に聞くことです。率直に聞いてみなければ、心配や不安は悪化するばかりで「こんなこと言ったら、どう思われるだろう？」「否定される」と不安ばかり感じて、相手の言っている言葉も耳に入らない状況では、子どもとの会話も、あそびも上の空で事故が起こりかねません。

大人だから、保育者だから完璧でなければとか、立派でなければならないのではなく、ありのままの自分を、弱さを含めた自分をさらけ出していいのです。

一生懸命に生きている姿は皆に伝わります。間違ったら「ごめんなさい」、困っているときには「助けて！」、感謝の気持ちを「ありがとう！」。子どもたちはそんな大人の姿をよく見ています。

［岩井久美子］

神経質に注文をぶつける保護者は、大事な味方

　ある幼稚園でのこと。新入園児がいっぱいの4月、一人のお母さんが入園したわが子の生活ぶりが心配で、わが子を園に連れて行った後、帰らないで園でのわが子の様子を柵の外から心配そうに見守っていました。

　そのお母さんは午前の保育が終わった後、わが子を迎えに行くとき、といってもずっと帰らずにいたので、柵の外から教室の前まで数十メートル移動するだけでしたが、いつも一枚のメモを先生に渡すようになりました。

　何が書いてあるか。

　「今日見ていたら、水道の蛇口から直接口をつけて水を飲んでいる子がいました。どうして注意しなかったのですか」

　「部屋に入るとき外履きの靴をきっちりそろえないで入っていく子がたくさんいるのに、どうして黙っているのですか」

　「外履きの靴をきっちり履かないでかかとを踏みつぶして履いている子がいるのにどうして放置しているのですか」

　こうしたことを毎日小さな紙に書いて、先生に渡すのです。幸い、すぐに返事をよこせ、というような態度ではなく、ただ気になったので、と渡すだけでしたが、担任はやがてその保護者と会うことがつらくなっていきました。どう答えていいかわからないからです。

　その様子を見ていた副園長は、彼女が主催して始めていた「子育てを学ぶ会」にその保護者を誘いました。「子育てを学ぶ会」は、当時神経質で自信のなさそうな育児をしているように思えた園児の母親を集めて、グループカウンセリングの手法で育児に自信を持ってもらうようになってほしいと始めたものでした。副園長は大学に1年通い、カウンセリングを学んできたばかりだったのです。

　グループカウンセリングは、10名程度のグループをつくり、輪になって座り、毎回参加者が自分のことを語るということを繰り返していくというものでした。ルールは「共感を持って聞くこと」「批判をしないこと」の2つだけでした。話す人が不安なく話せるような環境をつくることが目的のカウンセ

リングです。テーマは何でもいいのですが、好きなことを話してよいというと、たいてい今の子育てや夫婦関係での悩み等がテーマになり、やがて自分の子どものころのことを語るようになるといいます。かなりの人が自分の母親のことを責めたり悪く言うのに副園長は複雑な思いがしたといいます。でも、こういうことを繰り返していくと、多くの参加者は自分の中にわだかまっていたネガティブな感情をはじめて外に出せて、やがて心のイライラ、ストレスが減少していくようになるといいます。

　副園長は、途中からでしたが、件の神経質そうな母親を誘ったのです。その母親は「いいんですか？」と言いながらも、興味があったようで、途中から参加しました。最初は輪には入れず、隅で聞いているだけでした。やがて少しずつ輪に入っていけるようになり、発言もできるようになっていきました。それにともなって、園の細かなことに批判を告げるというような行為はなくなっていきました。

　次の年、その母親は自分から率先して「子育てを学ぶ会」に参加し、中心になって発言し運営もするようになっていきました。それが契機で、園の保護者会の役員もするようになり、園にとても協力的な保護者になっていきました。副園長に聞くと、その後小学校ではPTAの役員を積極的に担って中心的役割を果たしているとのことでした。

　神経質に注文をぶつける保護者は、それだけわが子の保育に関心が高い人なのです。その人が不信感を持つのはたいてい園の情報が少ししか入らないからで、ざっくばらんに話せるようになると、信頼感が増し、この例のように、園のもっとも大事な協力者になることがよくあります。

　神経質に園に注文を言ってくる保護者がいたら、あ、園の味方が一人いた！　と感じるべきなのでしょう。

［汐見稔幸］

実践編

2 はなす 〜話す技法

　園の子どもから、保護者、同僚、上司などまで、年齢も立場も幅広い相手と話す保育者にとって、「話す」スキルは欠かせないものです。より良いコミュニケーションを取るためにも、「話す」技法を学びましょう。

(1) ウォーミングアップ

●話しやすい環境づくりから

　最近、さまざまな園で「会話ができない」という悩みを聞くようになりました。掃除道具がどこにあるかを聞けなくて辞めたという新任職員の話もあります。そこまでいかなくても、話ができない、特に自分のことは話せないという人が増えているようです。

　しかし、保育という仕事において「話す力」は必要不可欠です。まずは職場内で話す機会を意識的につくり、職員同士の会話に慣れていくことから始めてみましょう。朝のミーティングで互いの健康を伝え合ったり、職員会議の中で1分間スピーチの時間を設けたり、工夫してみるとよいでしょう。

　例えば先述の通り、朝、互いの健康状態を伝え合うことを習慣とした園では、「今日、○○さんはあまり調子が良くないようだから、早めに帰ってください」「プールの片付けはわたしがやりますから、こちらをお願いします」といった声のかけ合いが生まれました。

　こうした日常のやり取りで職場内の風通しが良くなると、子どもや保育の大切な情報の漏れを防ぐことになり、危機管理にもつながります。本章の「話す」技法を学ぶベースとして、話しやすい環境づくりはとても大切なのです。

●好印象を与えるポイント

　良い話し手となるためには、まず相手に好印象を与えることが大切です。具体的な話し方を学ぶ前に、話すときの表情や姿勢などの基本を押さえましょう。

2 はなす〜話す技法

1. 明るい表情

好印象を与える表情といってまず思い浮かぶのは笑顔です。これは、ある程度意識しないといけません。本書のプロローグでも述べましたが、毎朝、鏡で笑顔の練習をしてから保護者や子どもたちに会うという習慣をつけることも大切です。

トレーニング

●**スマイルトレーニング**

表情が固い人、笑顔が苦手な人でも魅力的な笑顔になれるトレーニングです。鏡を見て、次の①〜④をやってみたり、ワークとして行う場合は、2人組で向かい合って行い、感想を伝え合うとよいでしょう。

① 印象の良い真顔
　口角をわずかに上げる。ほほの筋肉を目尻に向かって軽く引き上げる。背筋を伸ばし、呼吸は止めない。

② ほほえみ
　口角を目尻に向かって引き上げ、ほほの筋肉をさらに上に持ち上げる。ほうれい線がハの字を示すくらい。

③ 社交場の笑顔
　さらに頬を引き上げ、上唇が上に引っ張られるように。上の歯を6〜8本見せることを意識する。下の歯は見せない。

④ 誰からも好かれる最高の笑顔
　口角を目尻に向かって最大限に引き上げ、上の歯が8〜12本見えるように。ほうれい線がハの字より横に広がっていることを確認。目元はリラックス。

2. 相手を見る

　相手の目を見て話す、というのは会話の基本です。登降園時など、大勢いる場面で1人に向けて話したいといった場合も、まず相手と目を合わせたことを確認してから、話をするようにしましょう。そうしないと、せっかく話していても相手に伝わっていない、自分に話されていると気づいていないこともあります。ただ、じっと見られることが苦手な人もいるので、その場の雰囲気や相手の表情も見ながら臨機応変に行いましょう。

トレーニング

●一対一で話す場合
　2、3秒目を合わせてから話し始める。その後は、目の周りを見ながら話すようなつもりで。じっと見すぎないように。
●複数人に向けて話す場合
　全体を見渡しながら一人ひとりに声を届けるつもりで。

3. 全身を使う

　笑顔をつくってあいさつをしても、体が固いと気持ちが伝わらないことがあります。全身を柔らかくして、全身を使って表現したほうが、相手に与える印象は格段に違います。
　ウォーミングアップとして、次のような体操をするとよいでしょう。

> トレーニング
> - 肩を回したり、肘を引いたりして肩甲骨を動かす。
> - 全身の力を抜いて、軽く屈伸をする。

4. 心地良い声、発音

　話すときの声の大きさ、トーンも大切です。一般的には、大きい声で、ゆっくり、語尾まではっきりと発音するのが良いといわれています。実際に声を出して練習してみましょう。

　※声を出す前に、口を上下左右に大きく開けたり、動かしたりして口の体操を行い、柔らかくしておくとよいでしょう。

　これを踏まえて、話をする前には、ウォーミングアップを行うとよいでしょう。アナウンサーが行う発声練習や、落語家の桂歌丸さんが行っていたという早口言葉など、話し手のプロが行うトレーニングを取り入れてみるのもよいでしょう。

● 早口言葉

パンダの昼食はパンだ

【例】

生麦生米生卵

赤パジャマ黄パジャマ茶パジャマ

青巻紙赤巻紙黄巻紙

隣の客はよく柿食う客だ

東京特許許可局許可局長

かえるぴょこぴょこ3（み）ぴょこぴょこ
　あわせてぴょこぴょこ6（む）ぴょこぴょこ

この竹垣に竹立てかけたのは竹立てかけたかったから竹立てかけた

坊主がびょうぶに上手に坊主の絵を書いた

どじょうにょろにょろ　3（み）にょろにょろ　合わせてにょろにょろ
　6（む）にょろにょろ

　以上、話すうえでの基本を押さえてきました。次ページからは、話す技法を学ぶトレーニングを紹介します。面談や懇談会など保護者と話す場面を想定したワークとなっていますので、これらを実践して、話す力、伝える力をつけていきましょう。

(2) ワーク

Step 1　声を届ける

声も体の一部だということに気づくゲームです。相手との距離をつかみ、体と同じように声でも触れられることを実感しましょう。

すすめ方

① 全員が一方向を向いてバラバラに座る。1人が前に出て、その他の人は全員目を閉じる。
② 前に出た人が、誰か1人に向けて「ありがとう」と言う。
③ 目を閉じたまま、自分に言われたと思った人が手を挙げる。
④ 目を開けて答え合わせ。
⑤ 前に出る人を交替し、②～④を繰り返す。
⑥ 全員が行ったら、2巡目。言葉を増やし、②～④と同様に行う（できれば全員に回す。時間がなければ2、3人で終わりにしてもよい）。

【言葉の例】
「おはようございます。今日の体調はいかがですか。毎日暑くて大変ですが、わたしは元気です」
「こんにちは。急に寒くなりましたね。夜は雪が降るみたいですよ」
など、相手を限定しない内容の日常会話をする。

⑦ 最後に、声がどこにどう届いたと感じたかを、皆で話し合う。

Advice

こうした練習を重ねていくと、声の大きさ、トーンの調整など、伝えたい人に伝えるコツがわかってきます。大勢の前で話す場面でも、一人ひとりに届けるように意識することで、相手に伝わる声のかけ方が身についていくのです。

なお、このワークは声の力を評価するものではありません。話しかける人と受け取る人と両者の関係で「声」が成立する、どこかに壁があると成り立たないということを実感できると思います。

実践編

Step 2　**1分間話**

話したいことをコンパクトにまとめ、相手に「聞きたい」と思わせるような話し方を学ぶワークです。

すすめ方

① 話のテーマを提示し、それぞれどんな話をするかメモを取りながら要点をまとめる（約2分）。

　※話したいキーワードを書き出し、その中から重要なものを選んで、「これだけは絶対に話す」というフレーズをつくっておくとよい。

② 1人ずつ順番に話す（1分ずつ）。他の人は聞き手に。

　※全体を見渡しながら、大きな声でゆっくりと話すように。

> 高校時代は、サッカー部のマネージャーをしていました。これがかなりキツい仕事で……

③ 全員が話し終わったら、目を閉じ、誰の話が一番良かったかを手の平で指す。

④ 目を開けて確認。それぞれ、自分の選んだ人の話のどこが良かったかを発表する。

⑤ テーマを変えて、①〜④を繰り返し行う（3回程度）。

⑥ 繰り返し行った後の感想を言い合う。

感　想

- 最初は緊張してうまく言葉が出てこなかったけど、回を重ねるごとにだんだん慣れてきた。
- 事前に話の要点をメモでまとめられたので良かった。
- 今回は話しやすいお題だったけれど、内容によっては、こうもいかないだろうなと思った。
- 時間が短かったので話が続いたけど、これが３〜５分話し続けなきゃいけないとなったらきついかもしれない。
- １分と聞いて結構長いと感じたので、ゆっくりしゃべっていたら、時間が足りなくなってオチまでいかなかった。

Advice　伝言力アップの３原則

　このような短いスピーチでも、確実に伝えたいことを伝える力＝伝言力のアップが大切です。次の３つを心がけましょう。

❶　事前に「何を伝えるべきか」を考える

　話の要点をあらかじめメモしておくことが頭の整理に役立ちます。今回紹介したように、話したいキーワードを書き出してから重要フレーズをつくるというメモの取り方が参考になるでしょう。また、日頃から自分はこの話の何を最優先に伝えるべきかを意識するように努めていると、話し方だけでなく、聞き方も上達していきます。

❷　結論を先に話す

　スピーチの基本は、結論を先に言うこと。最初に結論を言うことで、聞き手は話の方向性をつかむことができ、その後の話にも入りやすくなります。結論を言って興味を引き、自分に気持ちを向けてもらうことができたところで、その結論に対して１、２、３と詳しく説明するように話を展開していくと、興味をもって聞き続けてもらうことができるでしょう。

【例】
「夏休み、〇〇に出かけた話をします。そこですごく不思議な体験をしました。」
　このような話でスタートすると、聞き手は「不思議な体験って何？」と、話がどう展開するかを楽しみに聞けるようになります。

❸ 余計なことは言わない

何かを伝えるときには「この話の幹はどれで、枝葉はどれだろう」と整理することが大切です。それを意識することで、余計な情報を挟まない、聞きやすく伝わりやすい話になります。

Step 3 キーワードでお話づくり

「質問」⇔「答え」のやり取りの回数を少しずつ増やしていくことで、会話のキャッチボールがスムーズになっていきます。

すすめ方

① 1人が、5つのキーワードを決める。
② 話す人を1人決め、提示されたキーワードを全て使って話をする（1〜2分）。他の人はその話を聞く。
③ 話し終わったら、その話を聞いて思ったことや、自分だったらどう言うかなど感想を言う。

【例】
キーワード：スイカ、ミカン、ドア、○○さん（話し手本人）、家
「スイカの形をしたドアを開けると、そこはわたしの部屋です。その部屋にはベッドがあって、布団はミカンの柄です。そこに『○○せんせい』と書かれた子どもの絵があって、そこがわたしの家です。」

Advice

園の子どもと一緒に、保育者がキーワードを出して、それでお話をつくるというあそびもできます（5歳児なら、キーワードは3つくらい）。繰り返し行うと、子どもたちは話をするのが楽しくなり、話し方も上手になっていきます。

Step 4

面談のワーク「どっちが好きか」

「質問」⇔「答え」のやり取りの回数を少しずつ増やしていくことで、会話のキャッチボールがさらに上達します。

すすめ方①

＊5〜6人のグループで行う。

【1回目】

① 質問者（A）を1人決め、その他は答える人になる。
② Aは、1人ずつに、2つの選択肢を出して質問をし、次のようなやり取りを行う。全員に同じ質問で繰り返し行う。

> A：「○○が好きですか？ △△が好きですか？」
> 　　※○○と△△に好きな言葉を入れて質問する。
> B：「○○（△△）が好きです」
> A：「どうしてですか」
> B：「〜だからです」

【例】
「山が好きですか、海が好きですか」
「山が好きです」
「どうしてですか」
「山に行くと空気がきれいで気持ちが良いからです」

【2回目】

③ ②が全員終わったら、質問者を交替し、テーマを変えて同様のやり取りを行う。ただし今回は、理由を答えてもらった後で、もう一度「質問」⇔「答え」のやり取りを行う。

【例】
「ズボンが好きですか、スカートが好きですか」
「スカートが好きです」
「どうしてですか」
「ひらひらしていてかわいいなあと思うので」
「今持っているスカートで一番好きなものは何色ですか？」
「紺色です」

【3回目】
④ 全員が終わったら、また別のテーマを設定する。質問者を変え、話の相手を決めたら同様に質問と答えのやり取りを行う。ただし今回は、ファシリテーターが止めるまで続ける（2～3分）。他の人はその様子を観察する。
※このとき、ぷつぷつ区切って質問するのではなく、相手の答えた内容を受けて質問をするように気をつける。

【例】
「夏が好きですか、冬が好きですか」
「冬が好きです」
「どうして冬が好きなんですか」
「冬の方がかわいい服装ができるからです」
「かわいい服装ってどんな感じのものですか」
「コートとかマフラーとか帽子とか」
「あ、帽子。ニット帽ですか」
「そうですね」
「では、冬はたくさんお買い物するんですか」
「コートは買っちゃいますね」
「へえ～。コートは毎年買うんですか」
「そうですね。つい」
「同じ色とかになりませんか」
「同じ色になりがちなので、違う色や形を買うように心がけています」

> 「ファッション誌などを見て、今年の流行とかチェックしていますか」
> 「はい。でも長く着られるデザインとか、そういうことも判断基準に入れています」
>   ⋮
> （ここで終了）約2分
> ⑤　聞いていた人たちで感想を言い合う。
> 〈感想〉
> 　「話を引き出すのがうまいなと思いました。わたしはこんなに質問できない。」
> 　「相づちが上手なので流れが自然だなと。」
> 　「流れを止めないで質問しているのがいいなと思いました。」
> ⑥　もう1〜3組、時間の許す限り④⑤を行う。

Advice　相手への関心を伝える努力を

やり取りを繰り返す場合は、相手の使った言葉を繰り返すとよいでしょう。相手は共感されている、受け入れられていることを実感し、リラックスできます。質問者は、「わたしはあなたのことに関心をもっている」と伝える努力が大切です。

すすめ方②

> 【4回目】
> ⑦　別のペアを立て、同じようにやり取りを繰り返す。途中でファシリテーターが合図をしたら、質問者は、答えた人と反対の意見を言う。
> ⑧　約2分間話を続け、終わったら感想を言い合う。
> 【例】
> 「山が好きですか、海が好きですか」
> 「山が好きです」
> 「どうしてですか」
> 「とにかく海が嫌いだからです」
> 「どうして海が嫌いなんですか」

「暑いし、日焼けはするし、砂がべたべたついて気持ち悪いし」
「本当に、海の全てが嫌なんですね」
「本当に海なんてなければいいと思っています」
「何か、嫌いになるきっかけがあったのですか」
「いや、昔からとにかく暑いのが嫌で。汗をかいて化粧も崩れるし」
「ああ、化粧崩れはありますね。わかります」
　（はい、ここで逆の意見を言ってください）
「でも、わたしは海は好きで」
「ええ〜?」
「海は入っていて気持ち良いですよ。スイカ割りも楽しいですよ」
「日焼けをするじゃないですか。シミになりますよ」
「でも、日焼け止めを塗っていれば大丈夫ですよ」
「いやいや〜」

感　想

●これだけ否定されると、受け入れるしかないのかなと思ってしまう。
●相手が保護者だったら、話しづらいだろうなと思う。
●自分と反対の意見を言う人にどう話したらいいのか、難しいと思った。
●本当に大変でした。全否定されたら、何をどう話したらいいか糸口が見つからなくて。

Advice　相手を否定せず、別の角度から話してみる

　相手が否定的な意見を言ってきた場合、まずはそれを受けとめることが大事です。ただし、全て肯定できる内容ではないときもあります。そういうときは、相手を否定せず、少し焦点をそらして違う視点から話を振ってみるとよいでしょう。

　例えば、上記のやり取りだったら、「お子さんはおいくつでしたっけ」「4歳です」「お子さんは海はどうですか?」「いや、海もプールも大好きです」……というように、違うボールを投げることで、相手の受けとめ方も違ってくるのではないでしょうか。

　相手が保護者の場合も同様です。相手を否定せずに、でも子どものことを考え

たら肯定はできないという内容の場合、保護者の意見を否定せず、少し方向を変えて話していくと、その周辺の話をする中で気持ちがほぐれてきて、互いの話を受けとめやすくなることもあるのです。保育者としては、○か×かだけでなく、△や□も交えて話をするような意識が大切です。

Step 5 **伝えるワーク「これ何の話？」**

相手のことを考えて話すトレーニングです。相手があってこその会話だということを実感できます。

すすめ方

① 聞き手を1人決め、その人は自分の簡単なプロフィール（年齢、経歴など）を話す。
② 聞き手は一度部屋を出て、ファシリテーターが残った人たちに答えのワードを知らせる。
③ そのワードについて、そのものの言葉を使わずに、聞き手への説明を考える。個々でメモを取り（約1分）、その後リーダーを決めて皆で相談し、話をまとめる（約2分）。

【例】答えが「りんご」の場合
「青森県が名産地です」
「特別な日にウサギの形にします」
「紅玉は焼くとおいしいです」

④ 聞き手が部屋に戻り、まとめた話をもとに、リーダーが「ワード」について説明をする。
⑤ 聞き手は何の話をしていたかを当てる。その後ファシリテーターが、一連の流れを見てアドバイスを行う。

【例】

「木になっている果物で、皮をむいて食べるのがスタンダードです。特別な日にはウサギの形にすることもあります。青森県が名産で、品種として、ふじとか王林とかがあります。生で食べることが多いけど、焼いて食べることもあって、パイとかお菓子にするとおいしいです……」

Advice① 相手のことを考えて話すとは

まず、はじめに聞き手が自己紹介をした意味を考えましょう。それは、こういう人だとわかったうえで、話をするためです。

例えば「りんご」の場合、相手が子どもならウサギの形の話もいいかもしれないし、お母さんが相手なら、焼いたりパイにしたりといったことが、わかりやすいでしょう。でも、今回の聞き手が「りんご」に到達するには、少し遠い情報です。

大事なのは相手のことを考えて話すことです。相手の年齢や経歴などプロフィールを知ったうえでどう説明するかを考える、相手を思いやるということなのです。ですから皆で相談するときも、まずは相手がどんな人かということを話す必要があります。

Advice② 相手と並行の立場で話す

保育者もいろいろな相手と話をする機会があると思います。保護者、地域の方、見学に来られた方、実習生など、年齢も性別もバラバラでしょう。常にその相手に伝わるには、どういう話し方が適切かを考えて話すことが大切です。

また、年上だから、先輩だからといって、上から目線で自分の好きなように話すのではなく、どんな相手とも並行にならなくてはいけません。もちろん保護者に対しても、自分は専門家として指導する、ではなくて並行の関係で対話していくよう心がけましょう。

感　想

- 同僚だったらこの話し方で伝わるけど、学生さんだったら、いつも園でやっていることも説明しないと伝わらないなと思いました。
- 特別な日にウサギの形にするとか、わたしたちだけで話しているときは、通じて盛り上がったけど、いつものメンバーで話しているだけだと気づかないこと

もあるんだなと思った。
- 相手のことを考えて話すというのをわかっていたつもりだけど、今回のように具体的な場面を想定すると、その考えが抜け落ちていたんだと思った。
- 世代がまったく違って、ふだん自分の周りにいないような人が相手だと、話すのは難しいと思った。

［新保庄三］

(3) 保育者に求められるコミュニケーション

●保育の場

　幼児クラスになると、一日のはじまりに朝の集まりや、おやつの後の夕方の時間に、一日の生活を振り返ったり、明日への見通しを持つために、子どもたちを集めて一人ひとり話をしてもらう場を持っている園が多いと思います。

　朝の集まりではテーマを決めて、月曜日であれば休日の過ごし方をテーマにしたり、子どもの主体性にまかせて活動を決めていこうとするなら「今日はどんなことしてあそびたい？」と子どもに尋ねてみたり、午後の集まりの会では、一日の活動を振り返って話すときもあれば、自分で伝えたいことやあそびの中で感じたことを話す子もいるかもしれません。

　保育者は、「その場を、何のために、子どもたちのどのような力を育てるために持っているのか」ということについて、きちんと意識しているでしょうか？

　また、一番気になるのは子どもたちが語った内容をどのように受けとめ、どのような言葉をかけているのだろうかということです。子どもたちの話す内容、語る姿から何を読み取りどのような育ちを応援していくのか。かける言葉により子どもたちの心の育ちが大きく変わってしまうとしたら、「もっと話したい！」という意欲が萎えてしまうとしたら、寄り添う大人の責任は重大です。

　一日の長い時間、保育園で生活をしている子どもたち。午前中の活動だけが保育ではありません。一日を通しての生活がそこにはあります。活動と活動の間、朝の時間・夕方の時間、担任が関わらない時間、一人ひとりがどのように過ごしているか、誰と対話をしているか、何を感じているか、心を留めてみてほしい、そして、語りかけてほしい。その子との対話を、時間を楽しんでほしい。他愛もないおしゃべりの中に、人と人とがつながり合う楽しさがあることを感じてほしいのです。わたしが保育者に願うことです。そうすることで、「自分が大切に見

守られている」「自分のことをわかってくれている大人がここにいる」ということを子どもたちは感じ、心豊かに育ってくれると思うのです。

そして、午睡の時間、ぜひ大好きな先生の声でゆったりと、昔話を語ってあげてほしいのです。ただ、寝かせればよいのではなく、絵本で見た・聞いたことのあるお話を、その光景を頭に描きながら……子どもたちは安心して眠りにつくでしょう。

朝の集まりが、何歳児クラスだから、他のクラスもやっているから、他の園でもやっているからと、ただ毎日の流れの中で時間つぶしのように、形だけでやっているだけだとしたら何の意味もないことです。まずは目の前の子どもたちをよく見て、その意味を考えてほしいと思います。

そして、その場を、一人ひとりの子どもたちを深く理解するための充実したひとときにしてほしいと思います。子どもたちは、自分を理解し、共感してくれる保育者がそばにいるから、希望を持ち夢を持ち「大きくなっていく自分」を信頼することができるのではないでしょうか。

● **保護者対応〜保育を、子どもの育ちをどう伝えるか**

保育者は保護者に、子どもたちの一日の様子を伝えたり、保護者会で一年を見通した保育を伝えたり、今の子どもたちの様子をビデオや写真を使ったりしながら伝えたり、保護者に向けて「話」をする機会が沢山あります。

決められた時間の中で、伝えるべき内容を、子どもの育ちにとって大切なことを理論的な裏づけをもとに、きちんとわかりやすく伝えることができるか否か、保護者が聞きたいと思って耳を傾けてくれるかは、保育者の話し方、伝え方にかかっています。

ポイント

　1つ目は、懇談会や保護者会の開催される時期により、保護者に伝えなければならない内容、保護者が知りたいと思っている内容に違いがあるということを理解したうえでまとめるということです。

　その際、園全体としてどのような視点で、誰が、何を、どのように伝えるかを共有しておくことは大切なことです。

　事前に保護者にアンケートを取っておくと、タイムリーな話題で、保護者が知りたいと思っていることに応えられるというメリットがあります。特に、専門職がいる保育園では、内容によっては栄養士に答えてもらったり、看護師に答えてもらったりした方が理論的な裏づけも含めて、より具体的に要望に添った話ができると思います。また、時間を有効に活用できるという面では大きなメリットといえると思います。

　2つ目には、同僚に、保護者の立ち位置でその内容を聞いてもらい、担任が伝えたいと思っていることがきちんと伝わる内容かどうか、保護者の知りたい要望に応えられている内容かどうかを、率直な意見を聞くというのも一つのやり方だと思います。担任は、保護者会当日と同じように写真やビデオを見せながら話を進めます。自分では気づかなかったことも、同僚と共有することで新たな気づきにつながります。

　3つ目には、話す内容を順序立てて整理し、ここではこういう視点でこのように話してみようというように、話の流れに沿って台本のようなものをつくっておくと、慌てず焦らずに、伝えたいことをぶれずに伝えることができます。

　限られた時間は保護者も同じで、保護者会のその時間のために、仕事を途中で切り上げて休暇を取って参加されている方がほとんどではないでしょうか？　下の子を預けてでも話が聞きたい、前回参加できなかったから今回はぜひと思って来ているかもしれません。そんな保護者の期待に添えるような、参加して良かったと思っていただけるような懇談会・保護者会にしていきたいものです。

●同僚との関わり

　生活をする場であり、育ちの場でもある保育園には、さまざまな人たちがいます。わたしの勤務する「まちの保育園六本木」は、そんなに離れてはいないのですが本園と分園の2つの園舎があります。構造上、勤務する職員は、分園の事務所でカードでの打刻をし、分園にしかない休憩室兼ロッカールームで着替えてから、それぞれの持ち場へとつくことになります。

　本園では0・1・2歳児が、分園では3・4・5歳児が生活をしています。そのため、本園と分園の職員は基本、休憩時間にしか顔を合わさず話をする機会もないことになります。それでは、せっかく同じ「まちの保育園六本木」に勤務しているのに、理念を共有し、専門性を高め合いながら、同じ視点で0歳児から5歳児までの育ちの見通しをもって子どもたちに関わることができなくなってしまいます。

　そこで、本園・分園に分かれて保育をしていても、保育園を1つの大きな家と捉えて、職員全員でシフトを組み、本園の職員も分園の早番・遅番の当番をし、分園の職員も同じように本園の当番にあたるようにしています。そのため、園の職員皆が自分のクラスの子どもと保護者だけでなく、本園・分園の園全体の子どもと保護者を知り、関わり合いながら理解を深めています。

　そして、休憩時間には休憩室に職員が集まり、食事をしながら子どもたちのことを語り合ったり、仕事中にはできない無駄話も、そこでは存分に楽しんでお互いを知り合う時間になったりしています。

　また、乳児・幼児のブロック会議はそれぞれで行いますが、園長や副園長、フリー保育士、看護師は両方に参加し情報の共有をしています。月1回は、夜に全体会議を設けています。そこには本園・分園の職員はもちろん、非常勤の職員も参加しています。

　月案会議の中では、自分では気づかない保育を他者に語ってもらうことで、あらためてその子どもの良さと課題、実践や活動の良さと課題等に気づくことができたりします。

　また、半分の時間はグループワークをしています。その月によりテーマはいろいろですが、クラスから出された具体的な事例をもとに、保育の中での子どもとの関わり、生活場面での対応、子ども理解、保護者対応などについて、6人ほどのグループに分かれて話し合い、発表します。2018年度は、全体でリスクとハザードをテーマに挙げて、自分たちが大切にしている保育・育てたい力に

視点を当て、グループに分かれて話し合いました。

　グループを年齢や経験に関係なく分け、少人数にすることにより、若い保育者も自分の考えを話せたり、意見が言えたりします。話すことにより、お互いをよく知ることになります。人前で話すのが苦手な保育士も、同僚たちの中で「こんなこと言ったら……」ではなく話ができることが大切なことと思っています。

　「思い」は言葉にして話してみなければ相手には伝わりません。同じ話を聞いても、その場を共有していても、伝わり方は人それぞれです。「伝わって当然」「わかってあたりまえ」と思っていたら「伝わらないのはあなたが悪い」「わたしが悪い」「わたしはダメ」になってしまいます。そのためにも、思いは言葉にして職員皆で語り合うこと、物語ることが大切なのだと思います。

　保育を語り合うということは、保育者個人にとって園全体にとっても一つの文化を創り出していく営みであるといえるのではないでしょうか。

[岩井久美子]

クレームの背後に潜む善意

　これもわたしの身近なところにいる園長から聞いた話です。こちらは保育園です。

　ある日の夕方、一人のお母さんが「先生、ちょっといいでしょうか」と言ってきました。

　「ここの戸棚が時々半開きになっていることがあるんです。この中にカブトムシの餌が入っているけど、これをもし子どもが食べてしまったら困ります。それから階段の柵の鍵が開いていることがあります。これもどうなんでしょうか」

　この保護者はとても細かいことに気がついて、それを訴えてこられる方でした。

　園長はこのとき、はっとしたといいます。考えてみれば、そういうことは起こらないとはいえないからです。そこまで考えて環境を整えてこそプロです。厳しいですが、考えてみればこのお母さんの言う通りです。

　そこで園長は「お母さん、本当によく見つけて教えてくれましたね。確かに子どもが手に取って食べたら困りますよね。すぐにカブトムシの餌は場所を替えます。それから扉についてもきちんと閉まっているか常に確認しますね」「階段の柵についてもありがとうございます。気をつけているのですが、忘れることがあるんですね。このことは職員全員で共有します」と伝えたそうです。

　また別のときには、この母親から「先生がスマホを使っているのを見たけど、それはどうなんでしょうか」と言われました。保育中にスマホを使っていることに違和感を感じられたのだと思います。そこで「それについては、先生に事情を聴くことと、スマホの利用については、職員会議で話し合ってからその結果を伝えますね」と園長は伝えたそうです。

　こういう、ある面では細かなことを言う保護者でしたが、実は、そのことは自分で十分にわかっているようでした。「このお母さん、細かいことを言ううるさい親だ」と思われるのではないかと、クレームを言うようで嫌だと内心は思っていることを伝えてくれたそうです。

「いちいち細かいこと言うのは嫌なんですけど……」と声も小さく言うのです。

それに対して園長は「いいえ、そうじゃないのよ。言ってくれることで気づくことがたくさんあります。むしろありがたいです。他の方は気づいていても言わないかもしれないから。気づいたことはどんどん言ってください」本心からそう伝えたといいます。そのとき、お母さんの顔がふわっと明るくなり、ほっとしたことがわかりましたと園長は言っています。

こういうとき、細かいことを言ってくる親だ、クレームか？ うるさい親だ、と捉えがちです。そう捉えると、何か言われるたびに「またか」と思ったりもします。園長がそういう姿勢だと、職員も皆うるさい親、難しい親というような気持ちになりがちです。心を開いて保護者と向き合えなくなりがちなのです。

園長はこの一連のことを職員会議で職員に伝え、「こういうことを言ってくれるのは、本当にありがたいわね。言う方も細かいことを言うなんてと思っているかもしれないし、言うことに罪悪感を抱いているかもしれない。でも保護者をそんな気持ちにさせてはいけないわよね。言ってくれたことでわたしたちが気づかなかったことを気づかせてくれたんだから、ありがたいと思うの」と言いました。

ちょっとした言葉から親を否定的に見ることはよくあります。でも、その姿勢、気持ちが親との良い関係づくりを妨げてしまいます。保護者がどの職員にも「ねえ、先生……」と言いやすい雰囲気をつくることが大事なのです。

園の雰囲気は、職員だけでなく、子どもも保護者も一緒になってつくっていきます。何を言われても、その表面で受けとめるのではなく、そこに隠れている善意を感じ取って対応することこそが、園側に求められているのだ、というエピソードだと思います。

［汐見稔幸］

実践編

3 よむ 〜読む技法

　保育の中での「読む」といってまず思い浮かぶのが、絵本の読み聞かせでしょう。そこにつながる「読む技法」を、さまざまなワークを通して身につけていきましょう。

(1) ウォーミングアップ

●とにかく読まない人が多い

　これは保育者に限ったことではないのかもしれませんが、とにかく「読まない人」が多いなと感じています。読書というより、文章を読まないという印象です。ショックなのは、自園で出す園便りですら読んでいない保育者が多いことです。園便りに書かれていることについて保護者が質問したところ、保育者が十分に答えられなかったため、保護者が不信感をもちトラブルに発展したという事例もあります。自園で発行している園便りは毎回全職員で読み合わせるなど、日々の業務の中に組み込むくらい、半ば強制的なシステムづくりが必要なのかもしれません。

●文字を読むのではなく……

　日頃保育者が目にする文章の中には、難解なものもあるかもしれません。業務に関する書類や資料など、少し読んで「あ、難しい」と思って途中でやめてしまう、もしくは一応最後まで読んだけど、内容はまったく理解できない、まあいいか……、そんなことはありませんか。

　読むということは単に文字を追うだけではありません。どんな文章でも、ちゃんと読んでいれば、疑問やわからないことが出てくるはずです。そうしたら調べて疑問を解消しましょう。ここまでが「読む」ということです。

　特に園から発信する文書については、内容を読み込み、わからないことが出たら、資料を調べたり、書いた人に尋ねたりします。そして同じ疑問が保護者からあがってきたら答えられるようにしておかなくてはいけません。その努力を怠ると、先に述べたような保護者とのトラブルにつながりかねません。

さらにはその文書から派生する情報について調べておくことや、自分の仕事の身近な物事について、常に学ぶ姿勢を持つことも大事です。まあいいかと、やり過ごしてはいけないのです。

●書く（アウトプット）には、読むこと（インプット）が必要

　保育者の日々の業務としては、「読む」より「書く」ことのほうが圧倒的に多いのではないでしょうか。連絡帳や日誌など毎日何かしら書いているけれど、「書く力」のベースは「読む力」です。読まずに書くのは、インプットなしにアウトプットばかりしているようなものです。

　書く力をつけるためにも、読んで、読んで、読んでほしいのです。自分の読みやすいもの、楽しんで読めるものからでいいので、まずは読む習慣をつけましょう。

●絵本から始めよう

　ここまで「読まない」話ばかりしてきましたが、保育者には、毎日「読む」場面があります。絵本や紙芝居の読み聞かせです。読むのが苦手でも、「絵本は好き」という保育者は多いようです。保育者はまず好きな絵本を読み込むことから始めてはいかがでしょうか。

　というのも、絵本好きという保育者でさえ、子どもたちに提供する前の絵本をしっかり読み込んでいるかというと、そうでもないからです。中には、本に書かれた「〇歳向き」ということだけを頼りに、絵本を選んでいる保育者もいます。

　なぜ今この絵本なのか、この絵本で何を伝えたいかを考えたうえで、子どもに読む前に、声に出して何度も読み込むことが必要です。本来、空で言えるくらいまで読み込んでいてほしいのですが、それが難しければ、内容を頭に入れて、目の前にいる子どもたちの表情を見ながら読めるくらいにはしておきましょう。保育のプロとして、そこは誇りを持って取り組んでほしいと思います。

　次のページからは、絵本を読むワークを紹介しています。いつも何気なく触れている絵本について、あらためて職場の仲間と共に話し合ってみるのもよいでしょう。

実践編

(2) ワーク

Step 1 ブックリストの交換

それぞれ自分のお勧めの本を紹介するワークです。自分のお気に入りをプレゼンする感覚で行いましょう。

すすめ方

① ブックリスト（資料3）の用紙を配付する。それぞれ自分のお勧め本について、書名とお勧め内容をまとめて記入する。
※事前に用紙を配っておき、記入したものを持ち寄ってからのスタートでもよい。

② 2人ずつ向かい合って座り、ブックリストをもとに、お勧めの本を紹介し合う。（約2分）

③ 相手を替えて、同様に紹介し合う。全員と話せるまで繰り返す。

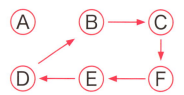

④ 全員で1つの輪になり、1人ずつ、一番印象に残った本、読んでみたいと思った本を発表する。

Advice ブックリストの交換が読書のきっかけに

面白いもので、自分の知っている人に勧められると興味がわき、読みたくなってきます。読書が苦手な人も、「あの人が面白いと言うのだから」というように、ブックリスト交換が本を読むきっかけになるかもしれません。

なお、ブックリストを書くときのポイントとしては、要点を3つくらいに絞って書いておくと、話がまとまって伝わりやすくなります。

3 よむ〜読む技法

資料3　ブックリスト

　　　　　　　（　　　　　　　）の勧めるブックリスト

●保育者として自分が読んだ本の中で、この本はと思う本の題名・著者名・出版社名を書く。

1. 本の題名＿＿＿＿＿＿＿＿＿＿＿＿＿＿＿＿＿＿＿＿＿＿＿＿＿＿

2. 本の題名＿＿＿＿＿＿＿＿＿＿＿＿＿＿＿＿＿＿＿＿＿＿＿＿＿＿

3. 本の題名＿＿＿＿＿＿＿＿＿＿＿＿＿＿＿＿＿＿＿＿＿＿＿＿＿＿

◎自分が読んでいる本について、簡単に説明するということを習慣にしましょう。
◎要約してポイントを3つくらいに絞って話す習慣をつけておくと、話をまとめる力がつきます。

Step 2 **絵本の紹介**

自分の受け持ちクラスで読みたい絵本を紹介します。職場の仲間同士で語り合い、絵本の楽しさを見直すワークです。

すすめ方

プレゼン担当は、あらかじめ自分のクラスで読みたい絵本をピックアップし、以下2つのポイントをもとにプレゼン内容を考えておく。

1. なぜその絵本を選んだのか
2. 絵本の中で一番訴えたいことは何か

① 紹介する絵本を手に取り、上記1、2について話す。
② 皆の前で読む。
③ それぞれ、プレゼンと読み聞かせを聞いた感想を書く。(2分)
④ ペアになって、互いの感想を述べ合う。1分ずつ、相手を替えて話し、全員と話せるまで繰り返す。
⑤ 全員で1つの輪になり、代表者1人が感想をまとめて発表する。
⑥ 最後に、プレゼン担当が皆の感想メモを受け取る。
⑦ 次のプレゼン担当が前に出て、同様に①〜⑥を行う。

【1人目】

絵本／『だるまさんと』　作・かがくいひろし
担当／1歳児

―― プレゼン ――

「0歳児から親しんでいる本なのですけど、今、友達に興味が出始めているので選びました。絵本を通して自分とは違う他者との触れ合いを楽しんでほしいです。」

〈感想〉

「終始笑顔で読んでいて、目の前に1歳児さんがいるような雰囲気で、声のトーンも表情もとても良かったです。」

3　よむ〜読む技法

【2人目】
絵本／『あおくんときいろちゃん』　作・レオ・レオーニ　訳・藤田圭雄
担当／2歳児

—— プレゼン ——

「長めかなと思ったけれど、集中力がついてきているので選びました。大好きな友達ができる時期に、友達に興味を持ってほしいなということと、混色あそびを楽しむようになるので、色が混ざるとどうなるかということにも興味が出ると良いなと思って選びました。

　伝えたいのは、友達を大切にするのは素敵なことだということと、あそぶのも大事だけど約束は守ろうねということです。」

〈感想〉

「声の大きさ、強弱のつけかたが良い。笑顔が良い。思わず聞き入ってしまいました。」

【3人目】
絵本／『めっきらもっきら どおんどん』　作・長谷川摂子　絵・ふりやなな
担当／5歳児

—— プレゼン ——

「自分が子どものころ読んでもらって好きだった絵本なので選びました。ワクワク、ドキドキ、不思議な感じを感じてもらいたいです。去年受け持っていた5歳児には、3歳のころから読んでいて、子どもたちも大好きで、呪文を一緒に覚えて言っています。」

〈感想〉

「楽しい本で引き込まれました。声のトーンも場面や登場人物によって変えていて、臨場感がありました。怖い場面もあったので最後にほっとして。気持ちが動かされました。」

感　想

- 何度も読んでいる本なのに、あらためて何を伝えたいのかを考えて読むと、聞いている人の表情が気になる。ねらいを意識することで、より伝えたい思いを込めることができた。
- 大人の前で読むということで緊張したが、大人も子どもも、聞きたいという姿勢だと安心して読むことができる。
- あらためて「本って楽しい」と感じた。

Advice 読み聞かせの基本を見直そう

保育者は読み聞かせのプロなので大丈夫でしょうが、他の保育者の読むところを聞いて、新たな発見があったのではないでしょうか。そこでもう一度絵本の読み方について見直してみましょう。

●絵本を読むときのポイント
1. 大きい声で 読む
2. ゆっくり 読む
3. 強弱をつけて 読む
4. 気持ちを込めて 読む
5. 子どもの反応を見ながら 読む

普段読み慣れない人に絵本の読み方を教えるときは、ポイント1から順に段階を踏んで伝えていきます。読む経験の少ない人は、1の「大きい声」でというところができるだけで、ずいぶん良くなります。子育て支援のサークルや保護者会などで、ワークとして行ってもよいですね。

保育者も、時折、自分の読み方について、上記5つのポイントを振り返ってみるとよいでしょう。

Q&A

Q：抑揚をつけて読むのが苦手。あまり大げさにしないほうが子どものイメージが広がって良いという話も聞きます。

A：基本は「強弱をつけて」「気持ちを込めて」ということですが、それが読み手の自己満足になってはいけません。常に子どもたちの反応を見て、どういう読み方を求めているのかを察知して、それに応えていくという、コミュニケーションが大切です。

Q：子どもの反応を見ながら、というのが難しいです。特に紙芝居は読むので精一杯です。

A：絵本でも紙芝居でも、子どもに読むものについては、空で言えるくらい読み込んでおくのが理想です。そうすれば、文字面を見なくても、子どもの表情を見ながらお話を進めることができます。全てを覚えるのは無理だとしても、話の内容を頭に入れて、「文字を読む」ことに集中しなくて済むくらいまでは読み込んでおきましょう。

深読みのワーク① １人で読む

Step 3　普段読み慣れない文章を読む場合、その内容を理解するには、テクニックが必要です。実践を通して学びましょう。

すすめ方

新聞記事を配付する。
① 〈黙読〉各自で、記事を黙読する。
② 〈音読〉同じ記事を、声を出して読み、読みながらポイントだと思ったところ、読めない文字、意味のわからないところなどに線を引く。
③ 線を引いた部分をノートに書き写す。
④ 全員が終えたら、2回読んでみての感想を言い合う。
⑤ 次に、2回目でラインを引いた部分（重要だと思った部分）を発表する。
【例】Aさんの重要だと思った部分
- 「無知は差別を生みます。」
- 「過去の歴史を学び、今を大切に生きようとする人だけが、未来の子どもたちに夢を託すことができます。」

感想

- 最初の黙読ではあまり内容が入ってこなかったけれど、2回目に線を引きながら読んだら、大事な部分とかわからないところが見えてきて、内容が入りやすくなった。
- 黙読は1回読んだだけだと内容が入ってこないので、何度も少し前に戻って読み直す、ということがあった。
- 声に出すことで、頭に入りやすくなる。
- 線を引くと思うと、より注意深く読むようになる。

資料4　新聞記事（例）

※傍線はAさんが重要だと思った部分。

Advice① まずは最後まで読むこと

園でも、役所からの書類など難解な文章に触れることもあると思います。ぱっと見て「無理」と思っても、とにかく最後まで読むことが大事です。はじめは文字を追うだけでもいいので、途中でやめずに最後まで読み切る習慣をつけましょう。

また、内容を理解するためには、今回やったように黙読より音読、さらに重要なところに線を引いたり、それを書き写したり、そういう作業を加えることで、より理解しやすくなっていきます。

Advice② 何度も繰り返し読むことが大切

Aさんがポイントとして挙げた文章を詳しく説明しようと思うと、1つにつき1、2時間かかってしまいます。

それだけ文章一つ一つの中にはそこに書き切れない多くの意味が込められているということなのです。そしてそれを読み取るためには、何度も繰り返し読まなければならず、ときに、わからないところを調べることも、必要になるのです。それら全てを含めて「読む」ということです。

深読みのワーク②人と読み合う

Step 4 普段、読み慣れない文章を読む場合、その内容を理解するには、テクニックが必要です。実践を通して学びましょう。

すすめ方

① 全員に新聞記事を配付し、2人組をつくる。
② 各組、新聞記事を1段落ずつ交替で読む。
　※試験ではないので、気楽に読むこと。
③ 全て読み終わったら、互いに質問をする。
④ 全員で輪になり、感想を言い合う。

感想

- 子どもの人権についてはある程度勉強し、理解していると思っていたが、知らないことがたくさんあった。
- 相手の読む文章のほうが、耳で聞きながら目で追っている分、入りやすいような気がした。
- 学生時代と比べて、本当に文章を読まなくなっていることにあらためて気づいた。特に自分が興味のない内容は、読まなくなっている。

Advice 「読む力」は「書く力」につながる

保育者は、保育日誌や連絡帳など書く機会はたくさんあっても、読む機会が少ないのではないでしょうか。でも、書く力をつけるためには、文章をたくさん読んで、読む力を高めることが大切です。

学生時代と違い、自分に必要のないもの、興味のないものについては、年々読まなくなっています。読む力をつけるためには、苦手な分野のものも意識的に読むことが大切です。新聞を丁寧に読む、普段は読まない欄を意識的に読む、といったことから始めてもよいでしょう。

Arrange 園便りを読んでみよう

自園のお便りをあらためて読んでみて、感想を言い合います。実のところ、園便りを全て隈なく読む保護者は少ないでしょう。そんな保護者に読んでもらうためにはどのような工夫が必要か、話し合ってみてもよいでしょう。

［新保庄三］

(3) 保育に求められるコミュニケーション

●保育の場〜保育の中の絵本

　子どもが成長する過程の中で、たくさんの良い文化に出会える環境を用意し、子どもたち自ら全身で感じ、全身で表現することから、豊かな創造力・想像力を培ってほしいと願うのは誰しも同じではないでしょうか？　絵本は大切な文化の一つです。子どもと絵本との出会いを、保育の中でどのように位置づけているでしょうか？

> 　この時期に保育士等と一緒に絵本を見たりする場面は、基本的に一対一の関わりである。保育士等と一緒に絵本を見ることは、その絵や話の内容そのものだけでなく、保育士等のその子どもに対する愛情に基づいた願いや気遣いなどを、子どもが絵本の世界と一体的に受け止める経験でもある。
> 　気持が不安定な時に、保育士等の膝に乗せてもらい、落ち着いた優しい声とともに絵本に触れ、不安を受け止めてもらうことで、子どもの気持は安定していく。また、別の時には、同じ絵本でも、一緒に色や形などを楽しみながらその感覚の世界に浸り、自らの感覚を研ぎ澄ましていくこともある。
> （保育所保育指針解説・第2章1乳児保育に関わるねらい及び内容(2) ウ精神的発達に関する視点「身近なものと関わり感性が育つ」(イ)③）

　指針に謳われている文章からは、あらためて乳児期の絵本の大切さが伝わってきます。

　子どもたちは、大好きな大人の、大好きな声で、ぬくもりを感じながらより安心した気持で絵本の世界を楽しむことができるのです。そこからは人への信頼が育ちます。子どもたちは成長とともに自分の世界を広げていきます。興味や関心・探索活動が広がるにつれて、見たもの、出会ったものと同じ絵本の中に出て来るものとのコミュニケーションをワクワクしながら楽しんでいきます。絵本はコミュニケーションの要です。読み手である大人とだけでなく、絵本という作品とのコミュニケーションも楽しんでいるのです。

　同じクラスで、同じ絵本を選んでも一人ひとりの反応は異なります。興味や関心もさまざまです。逆に、その興味や関心をより深めるために絵本は助けになったりします。

事例

　2歳児クラスの例です。男の子の多いクラスで、虫に興味や関心が強く、散歩に出たときにダンゴムシを見つけて、ポケットにたくさん入れて帰ってきたことがありました。

　担任はそれをキャッチして「ダンゴムシ」に関する絵本を何冊も探してきて、本棚に置いてみたのです。それを見つけるや否や、何人かで絵本を囲んで頭をくっつけ合っては「ああだ、こうだ」とホンモノと見比べてはおしゃべりを楽しんでいたのです。

　周りにいるさまざまな友達と共に楽しむ、いろいろな子どもがいろいろなことを感じて発言する。このことが子どもたちにとって刺激になります。

　「絵本て凄い！　感じたままを表現する子どもたちって凄い！」と感動でした。

　保育の中での絵本の環境はどうでしょう？　日々の活動の合間に、場をつなぐだけのものとしてはいないでしょうか？　子どもの思いや気づきに関係なく絵本を与えてしまってはいないでしょうか？　読む時間になったからというだけで、読み聞かせをしてはいないでしょうか。そのときに「皆一緒に集まって、お喋りしないで静かに聞いて！」と願ってはいないでしょうか？　子どもの興味や関心に関係なく、今月はこの本、何歳児にはこの本という選び方になってはいないでしょうか？

　そもそも、絵本の取り扱いについて、絵本棚について、用意する冊数について、丁寧に話し合いがされているでしょうか？

　考えてみてはいかがでしょう？

● **保護者対応**

　長時間保育を実施する保育園にとって、保護者との連携は子どもたちが安心して生活するためにとても大切なことです。子どもたちは家庭と保育園の2つの生活の場を持っています。だからこそ、保護者と保育園が連携し、一人ひとりの子どもを真ん中にして思いを一つにしていないと、困るのは子どもたちです。そのために、保育園では連絡帳や園便りを通して日常の保育を伝えたり、保護者会や保育参加・個人面談等の機会を通して、その年齢なりの育ちや、その子の育ちについて丁寧に伝え、園として大切にしたいことを共有できる機会を持っています。

　ところが、子ども同士のトラブルについては「成長の過程でよくあること」では済まされないことが多々おきてしまうのが現実です。その際、「この間の懇談会で確認したよね」「伝えたよね」では済まないのです。もしかしたら、「伝えたつもり」だったかもしれません。

　「嚙みつきや引っ掻きの傷を見ると、痛々しくて……それも、連日となると、わかっているけれども、保育はどうなっているんだ！　人が足りていないのではないか？　その子に問題があるのではないか？」と保護者が不安になるのも理解できます。その場の状況を伝えることは本当に難しいと感じています。

　わたしのいる園では、「保護者と共に育ち合う講座」というものを年に3回開いています。保護者にアンケートを取り、どのような時間だったら参加が可能か、それは何曜日か、と調査した結果から土曜日の3時から2時間、講師を招いて子育ての学びを共有しています。テーマはその状況に合わせてですが、保育士が伝えるより、きちんとした理論的な裏づけのもとに、専門的な視点でお話ししていただくことで納得していただけることもあります。何より、その場を保護者と共有することに意味があると思っています。また、講師の先生たちが書かれた育児書も、タイムリーに保護者の貸し出し図書の中に並べ、読んでいただいたりしています。

　また、懇談会でも、話したいテーマについて書かれた本があれば、それを読み合わせしたりすることもあります。

　先日は、1歳児クラスの担任が、ある育児雑誌で「いやいや期」について特集していることを見つけ、なにげなく連絡票の横に置き、「こんな特集を見つけました」とメモを置いておきました。さっそく一人のお母さんから「その雑誌を買ってみました！」「読んでみたら、今の子どもの姿そのままだと感じました！」と反応がありました。

子どもを真ん中に「共に育ち合う」保護者との関係づくり、同じ目線で学び合うことも大切にしたいですね。

●同僚との関わり〜指針を読む・職員皆で深く指針を理解する

　園の理念や方針を実現するために、人材育成計画を作成し、人事考課・OJT等を通して職員一人ひとりの目標設定を決め「目ざすべき保育士像」を明確にしている保育園は少なくないと思います。そしてそれを実現するために必要な研修計画を作成しています。

　自園の理念や方針に沿って、日々の保育を実践するために必要な「職員の能力（スキル）」は何でしょう？　職員一人ひとりが自分にとって必要なことと捉えながら具体的に挙げてみると、いろいろな視点が出てくると思います。その挙げられたものをもとに、どのような研修を行っていけばよいか、または、どのような講師を招いたらよいか等で具体的な計画を立てられます。園内研修の良いところは、同じ講師の話を、職員皆でその場を共有しながら学び合えることです。でも、感想があがってくると、「えっ、こんな風に感じていたんだ」「捉え方が違うな〜」などと感じることがあります。同じ話を聞いたからといって、皆が同じ感想を持つ訳でも、同じレベルの学びをする訳でもないのです。その人の経験だったり、価値観、解釈、置かれている立ち位置によっても、インプットとアウトプットは異なるのです。

　だからといって何もしないわけにはいきません。「保育所は、質の高い保育を展開するため、絶えず、一人一人の職員についての資質向上及び職員全体の専門性の向上を図るよう努めなければならない」と指針（第5章職員の資質向上）に謳われているのです。

　前回、2008年の改定から保育所保育指針が告示（法律としての拘束力を持つ）という形で国から示されました。そのとき、保育に関わる人たちは驚き、保育課程はどうつくるのかと大騒ぎしたことを覚えています。そして、2017年、指針は改定されました。今回の改定は大きなポイントが5つもありました。特に、「乳児保育に関わるねらい及び内容」では、子どもたちの育ちに合わせて身体的発達・社会的発達・精神的発達の3つの視点で「ねらい」と「内容」が記されています。そして、キーワードは「応答的な関わり」です。

　「応答的に関わる」とはどういうことをいうのでしょう？　話し合ったことがありますか？

乳児保育は一人ひとりというけれど、ある意味、3対1の配置基準があり、待機児童解消の名のもとに、1クラスあたりの人数が増える中、集団でもあるのです。本当に応答的に関わるには、関わる大人の意識と覚悟が求められます。そして、保育者同士の連携も欠かせません。

　改定される前には、職員皆で学び合いました。研修で話を聞いただけで、何となくわかった気になっているかもしれません。でも、一つ一つが大事なことなのです。

　保育は「命を預り、命を育てる」仕事です。命を預るということは、命をかけて守る存在がそこにあるということです。かけがえのない大事な命。その命を育てるということは、命が保持できたり、身体が大きくなるということだけではなく、関わる大人たちに愛され、感情豊かな人間として育てられるということです。乳幼児期は「人間」として育つ土台のとき。その年齢なりに育てなければならない力があります。大事に受けとめなければならない心があります。

　もっともっと各現場で、自分がやろうとしている保育は、指針の中ではどのように謳われているのか？　これでよいのか？　「全体の計画」をどう捉える？　など、いろいろな視点で丁寧に、深く学び合わなければならないと感じています。

　指針をいつもそばに置き、読み合い、学び合っていきましょう。今、保育園には、より価値のある保育を創造することが法的に求められているのです。

〔岩井久美子〕

実践編

コラム

読み聞かせでなく読み語りを

　理論編にも書きましたが、日本語には「話す」だけでなく「語る」という言い方があります。「ハナス」は「話す」と書きますが「放す」とも書けますし「離す」とも書けます。「話す」は「舌が言う」という書き方で、「放す」や「離す」は離れていく様を表しています。

　それに対して「語る」は「吾が言う」という書き方で、わたしという人格が言うことを指しています。「カタル」は他に「騙る」と書いて人をだますという意味でも使われますし、「交る」と書いて人と人が交流することを表すこともあります。

　ちなみに昔話を語る「ガタリババア」（東北地方の言い方）という女性は、フィクションの世界に子どもたちを「騙（かた）って」（だまして）引き込み、子どもたちはその言葉が醸し出す物語の世界をハラハラ生きて、その後に現実に戻ったときに「あーよかった！」と一緒に喜びや安堵の感情を共有する、という営みをします。子どもたちはカタリの後、最後に心が「交わり合う（カタリ合う）」＝「心が一つになる」ことが目標なのです。

　もう一つ参考のために言っておきますと、カタルという和語は、交わり合うという意味で使われましたので、男女の交わりをも指す言葉として使われていました。男と女が「カタル」というのは男女が性行為をするという意味だったのです。

　そう考えますと、絵本を使って子どもたちにその内容を伝える営みを「読み聞かせ」というのは少しおかしいし、もったいないという気がします。声を上げて読むのですが、そこで作者の言葉を咀嚼し、そこに読む人の気持ちを乗せて、子どもたちにじっくりと「語って」あげてほしいのです。単に「聞かせる」というのではない人格的な相互行為であってほしいのです。

「語る」と「聞かせる」では、読む人の心持ちが異なります。わたしが読むからよく「聞いてね」というスタンスだと、子どもの心にどうしても言葉を届けたい、心の活性化が起こる言葉を届けたい、というスタンスではなくなります。

　「語る」だと、スタンスは変わります。この子と心を深く交わらせたい、心が動く体験をさせてあげたい、と思って心を込めた言葉を届けるという行為を考えるでしょう。わたしと子ども、子どもと子どもの心の深い「交わり」ができるように、言葉を届けるわけです。だから時には真剣勝負になります。

　「読み聞かせ」とさりげなく言いますが、できれば意識して「読み語り」「読み語り合い」という言い方に変え、その主旨をみんなで議論し合いたいものです。

［汐見稔幸］

実践編

4 かく ～書く技法

　連絡帳、園便り、指導計画など、日々多くの文章を書いている保育者ですが、「書くのは苦手」という人が意外に多いようです。ワークを通して、書く力アップを目ざしましょう。

(1) ウォーミングアップ

●**書けないときは話してみよう**

　「園便りや連絡帳など、たくさん伝えたいことがあるのにうまく文章にできない」という悩みをよく聞きます。そんなときは、まず話してみることをお勧めします。

　例えば、その日の保育の様子を伝えるお知らせボードやクラス便りを書く際、その場にいる職員と、今日あったことをおしゃべりしてみてください。「Aちゃんが、△△で□□をしていたら、BちゃんとCちゃんが来てね……」「ああ、見ました！　Cちゃんが××××って言ってて、思わず笑っちゃいました」「Cちゃんがあんなこと言うなんて、1年前は想像もできませんでした」……と、こんなおしゃべりをしているうちに、たくさんの文章の種が生まれてきます。そのおしゃべりで出た言葉をつなげるだけで、お便りができるはず。まずは、話してみることです。

●**文章の基本構造を意識して**

　ただ、そうやって書かれたお便りでも、読みやすい文章と、そうでないものがあります。この違いはいったい何でしょうか。

　読みやすい、わかりやすい文章には、共通点があります。それは、「だれが」「いつ」「どこで」「どうした」という文の基本的な構造がしっかりしているということです。この基本構造にのっとって文章を書いてみると、格段にわかりやすい文章になります。

　連絡帳やクラス便りなどは、多少、文章構造が不十分でも問題にはなりませんが、事故報告書などでは、そのときの状況を確実に伝える必要があります。このとき、この文章の基本構造が役に立ちます。「だれが」「いつ」「どこで」「どうし

た」を漏れなく書くように意識するだけで、明確に伝わる報告書となるでしょう。

●親子で続けた「書く」日課

　この後のワークでは、「書く」練習として新聞記事を短くまとめるというトレーニングを紹介しています。これは、わたしが実際に娘と実践していたことがもとになっています。

　まだ娘が学生のころ、当時ほとんど会話をする時間もなかったのですが、親子のコミュニケーションの一環として、新聞のコラム文を、短くまとめるということを、日課として行いました。

　毎朝、朝日新聞の「天声人語」の欄を切り抜き、原稿用紙と共に置いておくと、娘がそれを200字にまとめてタイトルをつける。まとめたものを仕事から帰ってきたわたしが見て校閲する。これを3年間続けました。当時はこれが娘とわたしの会話でしたが、娘にとっては、確実に書く力・読む力アップにつながったと思います。

「男子料理をする時代」

男の炊事・料理に関する質問向調査した。食べるのは得意で常識にうとい、また多くの男たちが食のりは妻たちは冷静だ。調査をもとに献立を並べ、協会が買い物から始まい、ベタな料理の基本料理読本を編んだ。はるかぶるの捨て方、買い物、食品の仲間、料理・洗い方、教え方。妻でなく男たちからごみが多いそうだ。

PS よめさんもやってはどう？

(2) ワーク

わたしの好きなもの

質問⇔答えを繰り返すうちに要点が絞られていくという、文章を構成する要素に気づくワークです。

すすめ方

① 全員で輪になり、1人ずつ「わたしの好きなもの」というテーマで話す。

② 話し手（A）が「わたしは○○が好きです」と言ったら、それに対して1人ずつ質問をし、Aが答える、というやり取りを繰り返す。

③ 全員の質問が終わったら、話し手を交替し、②を繰り返す。

④ 全員のやり取りが終わったら、今話した内容をもとに、各自「わたしの好きなもの」をテーマにした文を60字にまとめる（資料5）。

> わたしも何か飼ってみたいです。

> ハムスターなんかお勧めですよ。

【例】

A：わたしは動物が好きです。

B：どんな動物が好きですか。

A：毛がふわふわしたのが。イヌとかウサギとか。

C：お家で飼っているのですか？

A：今は飼っていませんが、昔からずっと動物に囲まれて育ちました。

D：今までどんな動物を飼っていたのですか。

4 かく〜書く技法

A：イヌ、ネコ、ウサギ、文鳥、インコ、ハムスター、亀、虫もいろいろ。
E：今飼うとしたら何を飼いたいですか。
A：イヌを飼いたいです。
F：わたしも飼ってみたいです。初心者ですが、何を飼ったらいいと思いますか。
A：飼うのが比較的簡単な、ハムスターなんてどうでしょう。

　　　　　↓

「わたしは動物が好きです。
動物に囲まれて育ったからです。
できれば今イヌを飼いたいです。
初心者が飼うのにはハムスターがお勧めです。」

⑤　書き終わったら、全員で感想を出し合う。

感　想

● 質問と答えの繰り返しだったので、要点がはっきりしていてまとめやすかった。
● 質問を思い出しながら書いていくと自然に要点がまとまる感じがした。

Advice　一問一答で文の構成要素が挙げられる

　感想にもあるように、一問一答を繰り返すことで、文章を構成する要素となる文がたくさん挙げられます。それらを組み合わせるだけで、要点を押さえたわかりやすい文章になるのです。自分で文をつくるときも、自分の中で一問一答を行い、要点を挙げるという過程をたどると、より書きやすくなるでしょう。

出来事を文にしよう

基本的な文章構成に沿って、文章をつくってみましょう。つねにこの構造を意識すると、作文がだいぶ楽になります。

すすめ方

文章構成シート（資料6）を配付し、用紙に書かれた基本形に沿って言葉を入れて、文をつくる。それぞれ、自分のクラスの子どもを主人公にしてつくってみましょう。

【例】

だれが	いつ	どこで	なにを	どうした
Aちゃんが	今朝	玄関で	靴を	投げた
BちゃんとCちゃんが	昼に	廊下で	ぶつかって	けんかになった
…	…	…	…	…

Advice　基本形を押さえて、一文を短く

文章は、「だれが」「いつ」「どこで」「なにを」「どうした」という基本形を押さえることが大切です。日常的に起こった出来事について、この基本に沿った文章でまとめてみると良い練習になります。一文が、句点でだらだらとつながっていると、読んでいても内容が頭に入ってきません。こまめに読点を打って一文を短くすると、区切りがついて読みやすい文章になります。

慣れないうちは、**Step 1**のように、まずは今日の出来事を皆でおしゃべりしてから、文章にするようにしたほうが、書きやすいかもしれません。

4 かく〜書く技法

資料5　60字の原稿用紙

〔氏名　　　　　　〕

資料6　基本形の文章構成シート

〔氏名　　　　　　〕

だれが	いつ	どこで	なにを	どうした

Step 3　文章の構成を学ぶ

文章をブロックごとに分けてつくってから組み立て、文章の構成を学ぶワークです。

すすめ方

※ブロック文章構成シート（資料7）を配付する
① テーマを決め、そのテーマに沿った結論を考えて書く。
② その結論に至る理由を3つに絞って書く。
③ 「はじめに」と「終わりに」の文章を追加する。

Advice①　基本的な構成を覚えよう

今回つくった文章は、以下の7ブロックで構成されます。

テーマ	はじめに	結論
理由1	理由2	理由3
終わりに		

まず、結論を書いて、次に理由を書きます。ここまでは**Step1**の短い作文と同じです。今回はその後に、「はじめに」と「終わりに」を加えます。こうして7ブロックに分けて書いてから合体させることで、基本的な文章が出来上がるのです。

この基本を軸にし、部分的に膨らませたり短くしたりすることで、文章のボリュームは調整できます。保護者会や行事などで話す際の原稿をつくるときも、この構造で組み立てていくと、要点がまとまったわかりやすい文章ができます。

Advice②　理由を3つに絞るのがポイント

ここでのポイントは、理由を3つに絞るということです。三大○○、○○のベスト3、3強など、3つにポイントを絞って何かを語るということは、よく用いられます。3という数字は、まとめて提供されたときに覚えやすい数といわれています。

資料7　ブロックの文章構成シート

実践編

Step4 **短文にまとめよう**

文を短くまとめるワークです。もとの文章のみを使ってまとめるのが、なかなか難しいのですが、確実に力になります。

すすめ方

① 新聞記事（資料4）を配付し、各自黙読でざっと目を通す。
② 記事（約1700字）を400字にまとめる。その際、要約※ではなく、記事に使われている文のみで（どうしても必要なところに接続詞を使うのはOK）。400字にまとめることを前提に重要な部分に線を引きながら読む。
〈ヒント〉記事の1行が10文字なので、400字＝約40行使う、と考えるとよい。

※要約とは、文章の要点をまとめ、自分の言葉で文章をつくること。今回のワークは、要約ではなく、そこに書かれた文章のみでまとめる「引用」になる。

③ 2人一組になり、それぞれが重要だと思った部分などを伝え合う。

わたしはこの部分が重要だと思いました。

でも、こことここがうまくつながらないですよね。

④ 全員で、ここまでやってみた感想を言い合う。
〈感想〉
「人の書いた文章だけでつなげるというのは初体験。難しい。」
「自分の書いた文章ではないので、どこを残したいのか、重要なのかがわからず不安。」
「どこをメインにするかが迷う。」
⑤ 各自、線引きをした部分を見ながら、400字詰め原稿用紙にまとめてみる。

4 かく〜書く技法

【例】

(5) 2012年(平成24年)9月1日　全療協ニュース　第978号

「子どもたちに未来の夢を託す」

社会福祉法人土の根会理事長・新保庄三

なぜ全生園内に保育園なのか。その「事の始め」をお話しします。

1989年11月20日、第44回国連総会で、子どもの権利条約が採択されました。その午後、ニューヨーク市内の小麦委員会の委員長にいるアダム・ロパトカというポーランドの教授です。私はこの縁ありまして60歳過ぎて花さき保育園の園長になり、全生園の皆さんとのおつきあいが始まりました。(注：ワルシャワのホテルで個人レッスンを受けたことがあります。)

この保育園は、あの時の歴史であり、自国になかったことを、2回目ぐらいラーランドのアウシュビッツ強制収容所を訪ねました。私自身の経験の中であることを思い出しました。1979年から8回、ポーランドのアウシュビッツで、ドイツの高校生たちがトイレ掃除や草刈りをしていました。過去の歴史の遺産であるこの全生園を訪ねました。「具体的な要求であることに学び、今を大切に生きようとする人たちに、未来の子どもたちに夢を託すことができる、そして口頭ではなく書面で」との助言を受けました。2008年の10月21日、私は書面で佐川さんに要望書を出しました。翌日、佐川さんの仲介で全療協の事務局長で現会長の神さんにも同じ要望書を出しました。

2008年の7月4日、「将来構想の中が流れました。その間、私たちだけではとても乗り越えることはできないような数々のドラマがありました。保育園を創るというプログラムを、多摩全生園入所者自治会の皆さんが自ら「21世紀は人権の時代」と呼ばれる社会を創るために、一つひとつの実践を丁寧に積み重ねていく決意です。

立資料館のロビーで、多磨全生園入所者自治会の会長の佐川さんにお願いしました。佐川さんが自らの要求として将来構想にしてくださいます。

(写真キャプション) ひまわりの花とタネの話をする森田園長と園児たち

接続する言葉を入れてつながりをスムーズに。

Advice　他人の文章から学ぶことはたくさん

　他の人の書いた文を読み、筆者が何を重要と思っているのかを捉え、その筆者の文章を使ってまとめる……自分の言葉で要約するよりさらに難易度は高い方法です。しかし、他の人の文章から自分が使うことのない表現、文の組み立てなど多くを学ぶことができ、書く力をつけるにはとても良い方法です。新聞のコラムなどを利用して、それを短くまとめる練習をしてみるとよいでしょう。

　なお、今回のようにマス目の原稿用紙を使い、常に文字量を意識して書く癖をつけるとよいでしょう。

Arrange　園内研修　連絡帳の回し読み

　人に読んでもらうことで文章力がついていきます。園内研修として連絡帳の回し読みをやってみましょう。

すすめ方

① クラスの誰かの連絡帳をコピーして参加者に配付する。
② 各自、保護者の立場に立って読み、気になったところをメモする。
【例】
● ここはもう少し詳しい説明が必要
● この言葉は（専門用語なので）換えたほうがいいのでは……など
③ 意見を出し合う。書き手は意見をメモし、皆の意見を聞いてどう思ったか、どう直したらよいかなどを伝える。
④ 出された意見をもとに書き換え、皆で確認する。
　※年に数回、クラスごと、または乳児・幼児グループに分かれて実施するとよい。

［新保庄三］

(3) 保育者に求められるコミュニケーション

●保育の場〜園便りで、クラスの子どもの様子を伝える

　書く（園便りで子どもの様子を伝える）、というのはとても難しいことだと感じています。それは、顔の見えない読み手にどのように伝わるか、価値観の違う読み手がどのように受け取るか、ましてや、園便りの中にクラス便りも含めているとなると、信頼関係ができている自分のクラスの保護者だけではない、園全体の保護者がそれを読み取ることになるのだと思うと、難しさを感じずにはいられません。

　例えば、月ごとに
　　・散歩
　　・絵本
　　・友達関係
　　・好きなあそび

というようにテーマを決めていると、0歳児クラスから5歳児クラスまでの育ちの見通しにもなり、読み手である保護者は、自分の子どもが来年にはこのような姿になるのかと、楽しみに他のクラスの文章にも目を通してくださると思います。そこにエピソードを通した年齢ごとの育ちの姿、育ちの見通し、保育のポイントを挙げておくだけで、この園で何を大事に保育をしているかが伝わると思います。

当園の各クラスでは、月ごとに分担を決めて原稿を書いています。出来上がった原稿をクラスの担任同士で読み合い、それぞれの保育観や子どもへの眼差し等を確認し合ったうえで、フリーの園便り担当保育士に提出します。その段階で、さらに文章表現、伝え方、言葉の使い方、なぜその事例を取り上げたのか等担任と再確認します。

　何を、どのように伝えたかったのかを実際に喋ってもらい再確認することもあります。そうすることで、内容が整理され、書いた本人も「もっとこういう視点で書くと伝わるね」「この姿ばかりが強調されて、本当に大事にしていることが伝わりにくいね」と気づくこともあります。また、同じテーマで書いているならば、他クラスの原稿を読み合うのも良いと思います。他の人の文章を読むことで、さまざまなことが学べると思います。

　「保育士には本を読むことが苦手な人が多い」と聞いたことがあります。どのような本でもよいので、たくさんの本を読むこと、文章を目にすることでさまざまな表現や、文の組み立て方等、多くを学べると思います。

　また、写真を何枚か使うことでその場面や子どもたちの育ちの姿が、よりリアルに伝わることもあります。ただ、難しいのは全員の写真を取り上げることはできませんし、エピソードも限られます。どのような意図で園便りを作成しているのかを、しっかりと保護者に伝えておく必要があります。

●保護者対応〜連絡ノート

　家庭と保育園の24時間の生活の連続性が、子どもたちの心身の安定にいかに重要かはいうまでもありません。連絡帳は一人ひとりの子どもの保護者と、子どもの成長を見つめ合う「成長記録」であり、一日の大半を保育園で生活する子どもたちにとって、保護者と保育園（保育士）をつなぐ大事なコミュニケーションツールです。

　日々成長していく子どもの様子を保護者と共に喜び合ったり、子どもとの関わり方を具体的に共有し合う中で、保護者との信頼関係をつくっていきます。

　年齢により連絡帳の書式や内容が異なります。

　0・1歳児クラスですと、生活リズムや健康状態の把握が大きな目的にもなり、家庭と保育園双方から一日24時間をトータルで把握したり、記録として残しておく意味からも複写式を使っている園が多いのではないでしょうか。

　2歳児クラスになると、睡眠・食事・排便・発熱等の健康に関する部分を押さ

えながら、家庭と園を往復する生活の中でお互いが知っておいた方がよいことを書く項目があります。

　幼児クラスになると、その日の活動を子どもが言葉で伝えられるようになるという成長の姿を捉えながら、ボードを使って全体の活動を知らせる中で、親子での会話の機会にしてほしいという願いも込めて、園によってはノートがないところもあります。

　記録としての目的もありますが、連絡帳の大きな意味は、家庭と園を毎日往復し、互いの様子を伝え合ったり、意思の疎通を図ったりするものでもあります。朝夕、担任と会うことができなくとも連絡帳があればお互いに聞いてみたいこと、連絡したいことが伝わります。小さなことでも丁寧にやり取りを重ねておくことで、通じ合える喜びや安心感を育むことになると思います。

　しかし、この連絡帳の書き方から問題が起きている例が少なくありません。連絡帳の場合、相手の様子や、表情を見ながらやり取りするものではないので、読み手が書き手の意図とはまるで違った印象で受け取ることがあります。読み手のそのときの精神状態によっても違ってきます。

　まずは、保護者からのコメントをしっかりと読み込むことです。その日、保護者がどのようなことを「家庭から」の欄に記入してきているか、どのようなことに悩んでいるのか、何を期待しているのかを読み取ることです。保護者の質問や相談事に対し、保育者がどのように受けとめ応えてくれるかは保護者の大きな関心事です。書いたことに何の反応もなければ「読んでもらっていないのかしら」「こんな質問をしてまずかったかな……」等と不安になり、書く気もしなくなってしまうのではないかと思います。どのように返事を書いたらよいのか迷うときには、1人で抱え込まずに主任や園長に相談することです。

> **事例**
>
> 　連絡帳に限られた時間で的確に書くのは大変なことです。また、書くことが苦手という保育者もいます。逆に、短時間で、スペースいっぱいではなくても保護者の問いに的確に応え、その日の子どもの様子を、読み手がその場のシーンをイメージできるほどに具体的に書ける保育者もいます。
> 　誰にでも、得手不得手はあります。お互いから学び合えばいいのです。
> 　こんなことをしてみたことがありました。
> 　自分で上手に書けたと思う日のノートを2日分コピーして持ち寄り、お互いに読み合うのです。まずは、感想を語り合います。
> 　「この先生のノートが一番伝わるよね」
> 　「短い文章だけど、子どもの姿が浮かんでくるね」
> 　どんなことを意識しているのか？　工夫していることは？　お互いに聞き合う中で、学び合うことができました。

●同僚との関わり

　保育という仕事は、計画を立て、実践し、それを記録し、評価をする。その評価をもとにまた計画を立てるという循環の繰り返しです。実践を通しての学びをより確かなものとしていくためには、常に自らの実践を振り返るという行為が必要になります。その日の保育の出来事の意味や、そのときの子どもの気持ち、自分との関わりを振り返ってみることは、翌日の保育に役立つだけでなく、保育者としての自分の成長にもつながることです。

　それは、机に向かい保育記録を書きながら1人で行うこともあれば、担任同士でお昼の時間を使って振り返ることもあるでしょう。または、昼休みの時間やミーティングの時間、会議の時間でもよいでしょう。また、さまざまな機会を捉えて、関わる大人が皆で振り返ることも大切だと感じています。それは、他の人と語り合い、交流することで、自分の考えを深め修正することができると思うからです。

　そこで、自分の考えや見方をわかりやすく伝えたり、自分で自分の考えを整理し自覚化するためにも「記録に書く」ということが大切になります。頭の中で考えているだけでは、なかなか整理できなかったり、時の経過とともに薄れてしまうこともありますが、自分の言葉で文章として語り直すことにより、その出来事をあらためて見つめ直すことができます。

また、お互いの記録を読み合うということも、大切なことだと感じています。同じ場を共有し、同じ保育を実践している者同士であっても、子どもの見方が違っていたり、違う側面を記録していたりということがあります。子どもを多面的に見るという視点を持つ意味からも、お互いの文章を読み合い、思いを共有しておくことは大事なことと感じます。一番は、相手の書き方から「書くこと」を学ぶということだと思います。書くことを学ぶ機会は、「書く」という業務の多い保育園の中にあっては、たやすいことだと思いませんか？

　また、「書く」ことの多い保育業務において、「時間がない」「書くことばかりが多くて大変」ということをよく聞きます。日々の日誌、保護者とのコミュニケーションツールである連絡帳、園便り、成長記録である児童票、大事な指標となる全体の計画、それに伴う指導計画、まだまだあります。時間には限りがあります。一日の時間をどのように使い、「書く」という作業が、生きた作業となるためにはどうしたらよいでしょうか？　ただ、ノルマのようにこなすだけでは意味がありません。それぞれの「書く」がどのような意味を持つのか、何のために必要なのかを園全体で一度整理することをお勧めします。そうすることで見えてくるものがあるように感じています。

［岩井久美子］

実践編

コラム

人は初見で価値判断するもの

　今はわたしの知人となっている、ある著名な評論家の話です。子どもや育児について、とても深い評論を若いころからしてきた人で、わたし自身ファンですし、応援もしています。

　その人とはじめてお会いしたのは、ある学会で一緒にシンポジウムに参加したときでした。わたしは打ち合わせの会場に、少し遅れて到着しました。その評論家の方は、学会でのシンポなどはじめてで、とても緊張して参加していたそうです。でも、そのシンポの相方であるわたしが来ていない。事前に打ち合わせて緊張を解いておこうと思ったのに来ていない、ということで少し焦っておられたようです。そこにようやくわたしが「すみません、遅れまして！」と部屋に入っていったのです。

　その瞬間でした。その評論家はわたしを見るなり「あーあ、良かった！いい人で！」と言ったのです。はじめてお目にかかって言葉も交わしていないのに、いい人で良かった、と言い、安堵の顔をして笑ったのです。

　わたしは驚きました。それと同時に、この人は、人の善し悪しを、見た瞬間に判断する人なんだと理解しました。直観力です。わたし自身善く思われたのは嬉しかったのですが、反面怖い人だなとも思いました。見ただけで人を見抜く人かもしれないのですから。

　このことは、人は、初見で、その人の基本を価値判断しているのだという事実からきています。人は何かを感じ取るとき、つまり感性で世界のものを感じるという形で認識し始めるとき、必ず価値判断を介入させます。家を見て、「あら素敵！」とか、「汚い家！」とかまず価値判断して、それから「どうしてかしら」と思考するのです。初発の価値判断はほとんど無意識ですが、その人の本音を表しています。そして無意識ですから、「わたしがそうした判断をしている」とは自覚していないことも多いのです。

　件の評論家は、その無意識の価値判断に自分で大きな信頼を置いている人なのだと思います。最初にいい人だと瞬間感じたら、それは間違っていないと判断しているのです。自分の直観力を信じているのです。だから咄嗟に「あ

あ、良かった！　いい人で良かった！」と言ったのです。多分、本業の評論の仕事でも、対象に対する最初の印象を信じ、そのときの感情を丁寧に膨らませて、その人らしい理屈をつくっていっているのでしょう。

　もし人間が、全て初見でこれに近い判断をしているのだとしたら、保育の場で子どもたちも保育者に同じような判断をしているということになります。保護者も保育者をそういうふうに見ているということです。それで本当のことが全てわかるはずはありませんが、人間は初発の印象で対象を価値判断するということは避けられないことなのです。

　だとすると、保育者は、自分の素直な姿、無理をしない自然な自分の姿を感じ取ってもらうように立ち現れる努力をする、ということが大事になるでしょう。できるだけ自然体でいるということです。善くみてもらおうなどとどこか無理をすると、そのことを子どもも保護者も感じ取ってしまって、人前では善く見せようとする人などと価値判断される可能性があるからです。

　ロジャーズ派のカウンセラーの訓練の一つが、この自然体でクライエントに接することだというのは、そう考えればよくわかります。カウンセリングマインドの習得も大事ですが、その前に、クライエント（子どもや保護者そして同僚）の前に現れるときは、できるだけ自然体で、その人のその人らしさが浮かび出ている姿で現れる練習をすることが大事だということも肝に銘じておきたいことなのです。

　保育者が行う保護者支援のときに必要な姿勢も同じでしょう。いえいえ、保育者が子どもの前に立つときも実は同じように、その人の最も自然で、あたたかな面が出てくるような姿勢、態度で接することが大事なのだと思います。繕うことは、子どもを緊張させるのです。

［汐見稔幸］

実践編

5 みる 〜みる技法

「みる」といっても、単に目で見るだけではありません。「観る」「診る」「読み取る」「推し量る」「捉える」など、さまざまな意味を持つ「みる」力を学んでいきましょう。

(1) ウォーミングアップ

●保育に大切な「みる」力

保育者の「みる」力といってまず思い浮かぶのが、登園時に行われる健康観察(いわゆる視診)です。これは、子どもの姿を見て、心身の状態を捉えるということですが、子どもに限らず登降園時の保護者の姿や親子の関わりの様子を「みる」ことまでを健康観察と考える園もあり、いずれも保育者にとってはとても大切です。

最近、ある園であったケースですが、朝、暖かかったので半袖を着せて送り出した子どもを、夕方迎えに行くと、同じ半袖のまま唇を青くしていたというのです。その日は夕方から急に気温が下がったのですが、保育者はそれに気づかなかった、もしくは服装にまで気が回らなかったということです。その日たまたま忙しくて、ということかもしれませんが、命を預る保育者に、「たまたま」は通用しません。「少し気温が下がったから、服装を調整しよう」「この子は動いていないので他の子より寒いかもしれない」「寒そうな表情をしているな」など、さまざまな視点で気づくポイントはあったはずです。それでも適切な対応がなされなかったということは、保育者の感度の鈍さを思わずにはいられません。

こうした感度の鈍さは、散歩に出て子どもを置き去りにするといった事故にもつながりかねません。それは単に確認作業を怠ったという問題ではありません。人数確認の後に離れることもあります。常に全体を見通し、「あ、あの子がいない?」という違和感に気づけるかどうか、その感度が保育者には必要なのです。

●虐待のサインを逃さない

保育者の「みる」力が問われる場面として、虐待の予防、早期発見は重要です。実は、虐待による死亡事故の中でもっとも多いのが、3歳以下の子どもの母子

家庭で母親に新しいパートナーができたとき、という統計が出ています。日々子どもに関わる保育者としては、その事実を知ったうえで、気をつける必要があります。

　これは決して、疑いの目をもって見るということではありません。新しいパートナーができたという環境の変化により、子育てが変化することがあるので、気をつけていきましょうということです。

　また、新しいパートナーができると子どもが邪魔になるからということではありません。お母さんは、そのパートナーに良い母親だと思われたいので、子どもがわがままを言ったり、言うことを聞かなかったりして、「おまえの育て方が悪いからだ」などと言われると、つい厳しくなってしまう。パートナーが子どもを叱責したり暴力をふるったりすることも許してしまい、それが虐待につながるということなのです。

　したがって、わたしが巡回している園では、このようなケースに出合ったときには、毎日の健康観察を念入りに行うようにしています。着替えのときに、必ず同じ保育者（その園の場合は看護師）が対応し、全身を見て、記録をつけます。数か月続けて、問題がなければその集中的な観察はひと区切り。ゆるやかな見守りに移行します。もちろん毎日の健康観察は他の子と同様に続けます。

　こうした丁寧な観察は、問題のあるケースに限らず、全ての子ども、保護者に対して必要なことです。そうした実践の繰り返しで、保育者の「みる」力は磨かれていくのです。

●親目線？　子ども目線？

　よく、園の対応を語るときに、親目線で、子ども目線で、ということをいいますが、わたしが大切にしたいのは「親子目線」。親と子を合わせてみていくことです。

　例えば、前述の寒くても半袖のままというケースで保護者が心配したとき、「お子さんの健康のために薄着も必要」と言って、「子ども目線」を主張する人がいるかもしれません。しかし、そう聞いても保護者はどう思うでしょうか。

　一人ひとりの子どもの後ろには保護者がいて、「そんなこと構わない」とおおらかな人もいれば、「いやいや心配」という人もいます。保育者が思う「子どもにとってこうあるべき」ということだけで主張するのではなく、保護者の思いも一緒に考えていかなくてはいけない。それが「親子目線」、親と子を「みる」力

なのです。

この「親子目線」での対応については、職員間である程度の共通認識を持っておく必要があります。職員によって許容範囲が違う、対応がまちまち、となると保護者の不信感につながります。職員間で話し合ってチェック項目を立てるなどして、園としての対応の基準をつくることも大切です。

● 心で「みる」ということ

ここまで、保育者にとっては、目で見るだけでなくいろいろな「みる」力が大切だということを述べてきました。そこで最後に、この「みる」力のベースとなる、「心でみる」ということについて考えさせられたお話を紹介します。

1993年、日本がはじめて本格的に参加したPKOの地、カンボジアで、銃撃を受けて亡くなった隊員、高田晴行さんのお母さんのお話です。当時、ご遺体とともに帰国されたご家族に、多くの人がさまざまな言葉をかけました。

「とても素晴らしい息子さんです」「息子さんの分も頑張って生きてください」……などなど。そうした言葉を受け取ったお母様は、なんとかやっていかなくてはいけないと思いながらも、大切な息子をなくした喪失感はどうしようもなかったそうです。そんなとき、道の反対側を歩いていた知人が、自分に気づくや否やこちらに駆け寄り、黙って肩に手を置き、抱きしめてくれた。何よりそれが自分を慰めてくれた、と後に高田さんのお母様が語っています。どんな言葉より体で感じたことのほうが心に響いたというのです。体をもって心を感じる、これも「みる」力です。

次からのワークではまず、この心で「みる」感性を育てるプログラムから始めましょう。

(2) ワーク

Step 1 心でみてみよう

「みる」力のベースとなる感性を鍛えるワークです。いつでもどこでもできるので、日常の習慣にするとよいでしょう。

すすめ方

① 黙って目を閉じて、何の音が聞こえるか感じてみる。
② 1分経ったら目を開けて、どんな音が聞こえたか、皆で話す。
【例】
遠くで話す人の声、車の音、空調の音　など

Advice 毎日の習慣にしてみよう

朝の仕事に入る前や終わった後の4、5分を使ってやってみてください。普段聞こえない音が聞こえてくるでしょう。感性が研ぎ澄まされる感覚を味わうことができます。これを習慣にすると、「みる」力も高まります。

Step 2 心地良い「おはよう」は

毎日繰り返すあいさつ。少し意識することで、相手に与える印象が変わる、それを体験するワークです。

すすめ方

●**声の高さを変えて**

① 1人が子ども役になり、その他の1人ずつに子どもの声を想定して「おはよう」と言う。

② 言われた人は、保育者の立場になり、1の声（子どもの声と同じ高さの音程）で「おはよう」と返す。

③ 全員とあいさつをしたら、同様に、2の声、3の声で同様にあいさつを繰り返す。

　1. 子どもの声と同じ高さの音程の声で「おはよう」と言う
　2. 子どもの声より低い音程で「おはよう」と言う
　3. 子どもの声より高い音程で「おはよう」と言う

④ 子どもの気持ちになるとどの応答が心地良かったかを推量し、皆で話し合う。

Advice 半オクターブ上げてプラス一言

基本的には、子どもの声より半オクターブ上げて答えるのが心地良いといわれます。次は半オクターブ上げた声でやってみましょう。

すすめ方

●**一言加えて**

同じように「おはよう」を言った後に、「今日もにこにこ顔でステキだね」のようなその子に合った一言を加える。ひと通りあいさつを交わした後、一言加えるのと加えないのとで、子どもの気持ちにどんな影響があるかを考える。

5　みる〜みる技法

何が変わった？

Step 3　日頃、保護者や子どものことをどれだけ気にして見ているか、観察力が試されるワークです。

すすめ方

① 当てる人（A）を1人決め、その人がその場を離れている間に、他の人たちで、3つ何か変化をつける（身につけているものを交換する、場所を入れ替えるなど）。

② 準備ができたらAが戻り、どこが変わったか当てる。

上履きを脱ぎましたね。

××さんの手のゴムは、□□さんのですよね。

〇〇さんと△△さんのエプロンが入れ替わっている！

Advice　常に全体を意識して見通すこと

このワークでは、あらかじめ変わったことがあるという意識で見ているので、変化を見つけやすいと思いますが、これが日常的にできているかどうか。保育者には場の変化を敏感に察知する力が大切です。保育室全体を見て、今、誰と誰がここであそんでいて、誰が外に出ていて……ということが頭に入っていて、誰がいつ出入りしたかということも、常に把握している。子どもの命を守る保育者には、そういう「みる」力が必要です。

保護者の観察・記録

登降園の慌ただしい時間の中、保護者一人ひとりの様子を見ることができているでしょうか。観察・記録のワークです。

すすめ方

＊それぞれ付箋メモと筆記用具をポケットに入れておく。
① 1人が保護者役になり、登園時、保育室に入って支度を済ませ、出て行くところまでをロールプレイ。他の人は、その様子を観察し、保護者役が出て行ってから、捉えた内容を付箋に記録する。
② 保護者役を交替して、2、3人同様に行う。
③ メモを1箇所に集めて、他の人の記録を見ながら話し合う。

【例】

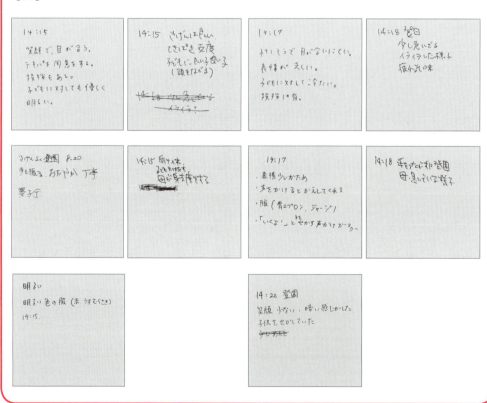

感　想

- 普段は、ちょっと気になることがあっても、次々登園してくるので、つい忘れてしまう。気になったときにすぐメモを取っておくといいなと感じました。
- 保護者の様子を気にするというのは、それぞれの感覚でやっていましたが、こうやって記録に残すことで、視点や捉え方がそれぞれなんだなという気づきがありました。

Advice　いろいろな「目」で見る大切さ

クラスの気になる保護者に対して一定期間やってみるとよいでしょう。複数の目で観察をすることで、さまざまな視点での姿が見えてきます。また、一定期間継続して行うことで、「この日は何かつらいことがあったのかな」「この日あたりから元気になったみたいだ」というように、変化の過程を読み取ることもできます。

さらに、保育者によって見方の違いもわかり、「こういうところに注目するといいのか」「同じ姿を見ても、わたしはそう感じなかったな」など、職員同士さまざまな学びがあります。

［新保庄三］

(3) 保育者に求められるコミュニケーション

●保育の場〜行動の裏にある思いを読み取る

保育者は、子どもたちの目に見える行為、「あの子は落ち着きがない、乱暴で困る、すぐに友達のあそびを邪魔する、4歳になるのに友達とあそべない」というように、目に入った姿だけを捉えて評価してしまいがちです。

子どもを理解することは、子どもをよく「みる」ことから始まるといわれています。

実践編

事例

　2歳児クラスの男の子F君。友達のあそんでいるところに突然入って行き、叩いたり、引っ掻いたりする姿が多く、担任は困っていました。

　反面、F君は汽車積木であそんだり、段ボールを使ったお家ごっこ等でイメージを膨らませながら見立てやつもりを楽しんだり、さまざまな物でじっくり集中してあそんでいる姿も多く見られます。

　担任は、いつどんなときに、どういう場面で、どのようにトラブルになっているのかを記録につけながら、じっくりと観察をしていくことにしました。すると、思いがけない姿が見えてきたのです。それは、ほとんどのケースでF君が、1人で集中してあそんでいた後に起きているということです。担任は、「1人で集中してあそんだ後に、ふっと周りを見たら友達同士が何人かで楽しそうにあそんでいる姿が目に飛び込んで来て、自分だけが仲間はずれになっているような気になってしまい、『一緒にあそびたい！』という思いを瞬時に言葉にできず、自分の気持ちをわかってもらえていない気がして、楽しそうにあそんでいる子たちに八つ当たりをしてしまっているのではないか？」と分析し、仮説を立ててみました。

　その後は、F君がじっくりあそび込んだ後に、違うあそびに移るときには、担任が意識して丁寧に関わり、気持を切り替えられるような言葉をかけ、言葉にならない思いを代弁してあげるようにしました。そうしたことで、叩いたり、引っ掻いたりする行為が、不思議となくなっていったということです。

Advice

　保育者が子どもをよく「みる」という裏側には子どもがいて、その視線を感じながら、子どもは大人をよく「みて」います。わたしは、この事例で保育者たちが、F君をよく「見る」ことを意識したことにより、この「見る」が以前の「見る」と違っていたことをF君は感じたのではないかと思いました。そこには、困った行為をする子としてではなく、その子の行為を理解しようとする先生たちの「共感的・肯定的な眼差し」があったからこそ、安心して自分のありのままをそこに出しながら、気持を切り替えていけたのではないでしょうか？

　忙しい毎日の中で、担任同士（クラスに関わる非常勤職員も含めた）で目の前の子どものことをじっくりと話し合う時間をとることは難しいことかもしれませ

ん。でも、事実を振り返りその子を深く理解する話し合いができているかいないかで、その子が「先生たちは、自分のことをわかってくれている」「自分は自分でいいんだ」と自信を持って安心して、友達との関わりを楽しみながら成長していけるかが決まるとしたら、そばにいる大人の責任は大きいと思います。

　言葉にならない子どもの心の声をどう読み取るか、一見しただけでは気づかないことの中に、豊かな思いと出会いが隠れているような気がします。

　この後、職員会議（非常勤職員も参加）の場でこの事例検討がされる中、担任が気づかなかったF君の姿がさまざまな立ち位置の職員から語られて、一人の子どものことを深く理解し共有する良い機会になったということです。

● **保護者対応〜訴えの裏にある思いを読み取る**

事例

　あるとき、遅番の時間帯でお迎えにいらした保護者から「担任の先生がノートに、お昼のスープをこぼしたのでズボンがぬれたと書いているけど、わたしにはそうは見えない。これはオムツをずっと替えていなかったから、おしっこがしみ出てできたものだと思う！」という訴えがあり担任が困っていると、非常勤の職員が事務所に園長を呼びに来ました。その場に園長が行くと「もうスマホに撮ってあります！」と、写真を見せられました。ズボンを見せていただくと濡れている場所が前の方で、明らかにオムツから漏れたおしっこのシミでないことがわかりました。

　その方は1歳児クラスのお母さんで、1人で子育てをしています。職場では管理職としてとてもお忙しい日々です。会議も多いと聞いていました。月曜日から土曜日まで保育園にお子さんを預けています。日頃から保育に対しての要望も多く、子ども同士の関わりのことでも一度訴えて来られたこともあり、園長は朝夕に、お母さんの話題だけを意識して「お仕事お忙しそうですね」「お母さん髪を切ったのですか？　お似合いですね！」とか「素敵な服ですね！」とか声をかけるようにしていました。

　この園では、オムツは園で処理しています。そのため、一日に使ったオムツを帰りに持ち帰ることはありません。園に置いてあるオムツが何枚減っているかを確かめていただければ、わかることかもしれません。園長は、それ

を言ってしまったら火に油を注ぐようなものと判断して、お母さんの訴えにとことん向き合うことにしました。それは、きつい言葉とは裏腹に、お母さんの心のうちに何があるか、お母さんが何を求めているのか、真摯に聞き取ろうとしたのです。そして、聞き取りながらも、それとなく一日の中でどういう場面でオムツ交換をしているか、1歳児クラスの生活の流れを伝えたりしてみました。はじめは、感情的に怒っていたお母さんも少しずつクールダウンしていきました。そして、子どものことは一切言わず、「お母さん、今の時期はお仕事お忙しいですか？」と声をかけてみました。「そうなんです！」と一言。そこからお母さんの表情が変わりました。そして今は新たな商品が開発されて、一番忙しいときなのだと、外国とのやり取りもあること等、しばらくお仕事の話をしてから帰られました。「何かありましたらいつでも言ってくださいね」と声かけして送り出しました。

Advice

　もしかしたら、日頃から声かけをしている中で「この先生はわたしのことをちゃんと受け止めてくれる」という安心感がお母さんにあったからこその訴えだったかもしれません。心のうちを誰かに聞いてほしかったのでしょう。相手のイライラしたペースに巻き込まれず、根気よく言い分を聞き取る余裕を持つこと、謙虚に向き合うことで状況が変わってくることも多々あるのではないでしょうか。

●同僚との関わり～お互いの思いを読み取る

　保育者は子どものことを、よく見て理解しようとします。

　それでは、保育者同士はどうでしょう？　保育園という職場、さまざまな立ち位置の人がいて、さまざまな専門職がいて、いろいろな価値観の人がいて……自分と合う人も、合わない人もいます。

　年齢も経験もさまざまで、もっというと、その人がどのような経歴でどのような人生を歩んで来ているのか、生育歴や育ちの環境はどうだったのか、どのよう

な子育て、保育を受けて来たか、一人ひとり本当に多様性に富んだ職場といえます。それによって「保育観」「子ども観」にも違いが出てくるのは当然のことでしょう。同じ子どもの姿を見たとしても、見る側がどのような立場に立って見るかによっても、「見えてくる」子どもの姿は違ってきます。

　そんな中で一日の長い時間を、同じ空間で子どもと生活を共にし、保育を実践しているのです。わたしは、この保育に関わる大人たちが、お互いをどのように理解し合い、認め合い、高まり合っているかにより「保育観」や「子ども観」は変わってくると感じています。

　そのためにも、さまざまな機会を通して「仲間と保育を語り合う」ことが大事だと思っています。相手の言葉をきちんと聞いたり受けとめ合ったり、語り合うということ。語り合うことにより、お互いをより深く知ることができ、相手がどのようなことを感じ、何を大事にしてきたのか、その人となりを知ることができる、具体的な子どもの姿や出来事から共感が生まれ、それを確認し合うことができる、1人では気づかなかった実践の良さと課題に気づくことができると思うのです。相手と共に喜んだり悲しんだり、本音で腹の底を割って語り合うことこそが、子どもとのつながり、同僚とのつながりや一体感を創り出すことになるのではないでしょうか。

　また、時には保育実践からの視点ではなく、「一人の人」として仲間を捉えてみると、多様性に富んでいるからこその面白さがそこにあるように思います。趣味が面白かったり、得意とすることが他の人より秀でていたり、かくれた才能を持っていたり。その人らしさを、豊かな人間性をもっと仲間と共有していったら、保育も豊かに楽しくなるように思います。

［岩井久美子］

「聞き上手」になるために

　わたしたちは、聞き上手ということが大事とわかっていても、なかなか聞き上手にはなれないですね。

　どうしてでしょうか。多分、そこに人間の生まれつきの性(さが)が関係しているように思います。

　対人関係の場面では、人間は大きく分けると２つのタイプの行動をします。多様に見えても、分類すると、２つのうちどちらかの行動をしているのです。

　１つは相手を支配したいという行動です。支配というと大げさですが、「わたしの思うように動いてほしい」という欲求で接することです。議論するときも、わたしの意見が正しいとわかってもらうためにすることが圧倒的に多いのですが、「これはわたしが正しいのだからわたしに従いなさい」という欲求に基づく行動です。人間にはこうした広義の他者への支配欲求が強くあります。

　もう１つは、相手と共感したいという欲求です。あるいは共感してほしいと思って接することです。「ねえ、ねえ、聞いて、聞いて！」と相手に共感を求めることがわたしたちにはよくあるでしょう。あるいは、「本当？　そうだったの、よかったねえ！」など、共感すること自体が目的の行動もわたしたちはよくします。これは、人間には人と共感あるいは共苦することが喜びという大事な本能があるからです。感情を共有することで一体感を味わえるのですが、それを快感とする本能のようなものです。喜びをいっぱい感じていたり、悲しみで心が苦しいとき、それを他者に表現したときに気持ちを理解してくれ、感情を共有してくれると、喜びが増し、悲しみが少し癒えるのです。人間にはこうした共感欲求とでもいえる本能に近い欲求があります。

　これらを本能といわず「本能のような欲求」とか「本能ともいえる欲求」といっているのは、その表れ方の核は本能としてあるのでしょうが、その人が幼いころからどう育てられたかということが、その核としての本能を形あるものにするのに大きな影響を与えるからです。たくさん共感されて育った人は大きくなると共感欲求をたくさん持てるようになるでしょうし、逆だと

支配欲求が強くなる可能性があるということです。

　相手と接するとき、わたしたちには大きく分けると、支配欲求状態で接するのか共感欲求状態で接するのかという2つの立場があるのですが（実際は両方が混じっているのでしょうが）、「聞き上手」というのは、このうち可能な限り共感欲求状態で接することを指しています。ひたすら共感するように努力するのです。途中であれこれ「それは違うよ！」と言いたくなることがあるでしょうが、そのときそれを伝えると、相手を自分に従わせようとする支配欲求モードになります。そうすると次第に相手は「共感してもらえないんだ」と思って本音を出さなくなる可能性が高くなります。だから、こういうときはひたすら聞いて共感する「聞き上手」になる練習をすることが大事になります。聞き上手は、そういう意味で、人と人がどうしたら争わないで共感的な関係を生きることができるかというときの最も日常的なテーマになるのだと思います。

　別の言い方をすると、聞く（きく）というのは、相手をわたしの「支配」の対象とみるのではなくて、独自の主体性を持った存在とみる行為で、人をわたしの「手段」としてみるのではなく、わたしにとって大切な「目的」としてみる、ということを意味します。

　常に人を目的として感じ続ければ、人間関係はうまくいくのですが、凡人には難しいことですね。

［汐見稔幸］

おわりに

　保育の世界に入って半世紀。
　今は毎週どこかの保育園・こども園を巡回しています。
　いろいろな園があります。公立や民間。大手から中小の株式会社。園児数の多い園から小規模園。時には保育ママの施設まで。
　わたしが師と仰いだ京都大学の田中昌人先生は千人の赤ちゃんを見ない人は発達の話をするなと言われました。とにかく自分の足と目を信じて、現場から学ぶことを第一にしてきました。
　辿り着いた一つの課題が、保育現場のコミュニケーション能力の不足です。そんなことは、わたしに指摘されるまでもなく、現場を知る人なら誰もが気づいていることです。
　ちょっとした言葉のかけ違いが大きなトラブルに発展することがざらです。それがまた大きな事故にもつながっています。「わたしのことを保育園の先生がダメな母親と言った」。対応するわたしからすれば「なんで」と思うことばかりです。でも保育現場は、日々追われる課題が多過ぎて悪循環を繰り返しているのが現状です。
　どうしたらいいでしょうか。
　「急がば廻れ」
　どんなに忙しくても、原点に立ち返って、保育者として基礎的な能力は身につける努力をしなければいけません。以前ある会合で「最近の保育者はおんぶが下手だ」といったら大学の先生から「それは養成校でやるべきか。それとも現場に行ってから学ぶことか」という質問を受けたことがあります。
　わたしの答えは「両方でやるべきだ」。
　コミュニケーション能力の不足は保育現場だけでなく、現代社会の課題であるともいわれています。乳幼児の育つ場所だからこそ、個々の保育者のコミュニケーション能力が問われます。
　保育園は家庭の補完場所ではありません。社会が育てる重要な場所です。だからこそ、そこで働く人はコミュニケーションのプロでなければなりません。
　まずは保育現場のプロになるための園内研修のテキストとして、この本をつく

りました。

　一流のスポーツ選手は、常に基本に立ち返りトレーニングをしています。保育者も同じです。プロになるための基本的なトレーニングが欠かせません。この本がそのトレーニングの入り口の役割を果たすことを願っています。

　汐見稔幸先生とは久しぶりの共同作業です。『子育てするなら上越市』『地域丸ごと子育て支援』など汐見先生のお力を借りて共同で実践しその成果を本にしてきました。

　わたしが企画して、汐見先生が中心で書かれた父子手帳は少しずつですが、行政でもつくるところが出てきました。母子手帳ほどではありませんが、日本の社会で受け入れられつつあることを嬉しく思っています。

　岩井久美子さんは、公立保育園の園長をされて、今は民間保育園の園長をされています。こういう人をわたしはダブル園長と呼んでいます。現場の代表としてこの本づくりに参加していただきました。

　実践をまとめるにあたり、もう一度現場で再現してみました。わたしの巡回先の一つである武蔵野市子ども協会立の北町保育園の皆さんに協力していただきました。子どもが昼寝のときに何班かに分かれワークをしました。その実践をまとめてくださったのはフリー編集の小林留美さんです。

　汐見稔幸先生・岩井久美子さん・小林留美さん・そして北町保育園の皆さんありがとうございました。

　現場には大切なテーマであることがわかっていても、売れるかどうかわからない企画を引き受けてくださった株式会社ぎょうせいの皆さんに心からお礼申し上げます。

新保　庄三

編者・執筆者一覧

●編　者

汐見　稔幸（東京大学名誉教授・白梅学園大学名誉学長）

新保　庄三（一般社団法人日本保育者支援協会スーパーバイザー）

●執筆者

汐見　稔幸（上掲）
　──理論編、実践編1〜5（コラム）

新保　庄三（上掲）
　──実践編プロローグ・1〜5（1）（2）

岩井久美子（ナチュラススマイルジャパン株式会社　まちの保育園六本木・園長）
　──実践編1〜5（3）

●企画協力

一般社団法人日本保育者支援協会

●本文イラスト

磯崎　陽子

編者・執筆者プロフィール

汐見　稔幸（しおみ・としゆき）

東京大学名誉教授・日本保育学会会長・白梅学園大学名誉学長・全国保育者養成協議会会長・一般社団法人家族・保育デザイン研究所代表理事。
1947年大阪府生まれ。東京大学教育学部卒、同大学院博士課程修了。東京大学大学院教育学研究科教授を経て、2007年10月から白梅学園大学教授・学長、2018年3月退職。専門は教育学、教育人間学、保育学、育児学。社会保障審議会児童部会保育専門委員会委員長。著書に『〈平成30年施行〉保育所保育指針 幼稚園教育要領 幼保連携型認定こども園教育・保育要領 解説とポイント』（汐見稔幸・無藤隆監修、ミネルヴァ書房、2018年）、『汐見稔幸　こども・保育・人間』（Gakken保育Books）（新田新一郎編・汐見稔幸著、学研、2018年）など多数。

新保　庄三（しんぼ・しょうぞう）

子ども総合研究所代表・一般社団法人日本保育者支援協会スーパーバイザー・社会福祉法人土の根会理事長。武蔵野市保育総合アドバイザー他、各地自治体で保育アドバイザーとして研修・相談活動に従事。
1946年新潟市生まれ。1970年保育・福祉の専門出版社を設立。1987年子ども総合研究所の設立に参加。新潟県上越市の世代間交流保育システム構築研究会顧問、長野県武石村の子育て総合アドバイザー、東京都東村山市・健康・福祉審議協議会委員兼児童育成計画推進部会長、財団法人東京都助産師会館理事・評議員、東村山市花さき保育園園長等を経て現職。

岩井久美子（いわい・くみこ）

ナチュラススマイルジャパン株式会社まちの保育園六本木・園長。公立保育園に38年間勤務。元新渡戸文化短期大学非常勤講師。2012年12月より現職。日本保育学会員。主な著書に『0・1・2歳からのていねいな保育　第2巻　毎日の保育をより豊かに―保育の基本』（共著、フレーベル館、2018年）、『保育が伝わる心がつながる　おたより実例集』（共著、フレーベル館、2011年）。

保育者のための
コミュニケーション・トレーニングBOOK

令和元年5月10日　第1刷発行
令和5年5月10日　第7刷発行

編　著　　汐見　稔幸・新保　庄三

発　行　　株式会社 ぎょうせい

〒136-8575　東京都江東区新木場1-18-11
URL：https://gyosei.jp

フリーコール　0120-953-431
ぎょうせい　お問い合わせ https://gyosei.jp/inquiry/

〈検印省略〉

印刷　ぎょうせいデジタル㈱
※乱丁・落丁本はお取り替えいたします。
©2019 Printed in Japan　禁無断転載・複製

ISBN978-4-324-10546-7 (5108459-00-000)〔略号：保育トレーニング〕

新要領・指針を〈いま目の前にいる子どもたち〉の保育にどう活かす？

育てたい子どもの姿とこれからの保育

―― 平成30年度施行 幼稚園 保育所 認定こども園 新要領・指針対応 ――

無藤 隆／編

幼・保・こども園の3法令の重要ポイントと日々の実践を結ぶ画期的な保育書！

詳しい内容はこちらから！

A5判・256ページ・定価1,980円（税込）

大好評！

● 目次構成 ●

序 章 3法令の改訂（改定）のポイントとこれからの幼児教育

第1章 速解・新しい保育 ―改訂（改定）のポイント―

要領・指針の要点がわかる

● 幼児教育において育みたい資質・能力／● 幼児期の終わりまでに育ってほしい姿／● 乳幼児理解に基づいた評価／● 特別な配慮を必要とする子どもの保育／● 保育のねらいと内容（5領域）／● 乳児保育／● 1歳以上3歳未満児の保育　ほか

第2章 乳幼児期の育ちと学び

子ども理解が深まる

● 乳幼児期における心と体の発達／● 非認知能力とは／● 愛着の形成／● 遊び・生活と子どもの学び／● 子どもの「育ち」と「学び」から見た園環境／● ものづくり／● ごっこ遊び／● 感情の発揮と抑制／● 協同性と社会性の芽生え　ほか

第3章 保育者の仕事 ―3法令の改訂（改定）を踏まえて―

今日からの保育が変わる

● 子ども一人一人を生かす指導計画／● 環境の構成／● 教材研究と準備／● アクティブ・ラーニングの視点を生かした学びの過程／● 認定こども園の一日／● 保育の記録と見直し／● 保育者の同僚性とカリキュラム・マネジメント　ほか

 株式会社 ぎょうせい

フリーコール **TEL：0120-953-431** [平日9～17時] **FAX：0120-953-495**
https://shop.gyosei.jp

ぎょうせいオンライン 検索

〒136-8575　東京都江東区新木場1-18-11